ENCYCLOPÉDIE MUNICIPALE

Collection de CODES-FORMULAIRES sur

L'ORGANISATION ET LES ATTRIBUTIONS DES CORPS MUNICIPAUX

AVEC DES FORMULES POUR TOUS LES ACTES
DES CONSEILS MUNICIPAUX ET DES MAIRES

3e ÉDITION

DU TRAITÉ DE L'ORGANISATION ET DES ATTRIBUTIONS
DES CORPS MUNICIPAUX,

Entièrement refondu, considérablement augmenté, et mis au courant de la
Législation et de la Jurisprudence actuelles ;

PAR M. A. BOST

Avocat, ancien Préfet, auteur de l'ENCYCLOPÉDIE DES JUSTICES DE PAIX
2e édition, 2 forts volumes in-8°
Du CORRESPONDANT DES JUSTICES DE PAIX, Journal mensuel
Et de divers autres ouvrages d'Administration et de Jurisprudence.

**L'Encyclopédie municipale se compose de 24 Codes-formulaires
formant 8 forts volumes in-8°, de 5 à 600 pages chacun.**

CODE FORMULAIRE DE LA CONSTITUTION

ET DE

LA CIRCONSCRIPTION DES COMMUNES.

PARIS
AU BUREAU DU *CORRESPONDANT DES JUSTICES DE PAIX*
RUE D'ANJOU-DAUPHINE, 8
ET CHEZ L'AUTEUR, RUE DES SAINTS-PÈRES, 12

SEPTEMBRE 1856

ENCYLOPÉDIE MUNICIPALE

Collection de CODES-FORMULAIRES sur

L'ORGANISATION ET LES ATTRIBUTIONS DES CORPS MUNICIPAUX

AVEC DES FORMULES POUR TOUS LES ACTES
DES CONSEILS MUNICIPAUX ET DES MAIRES

3e ÉDITION

DU TRAITÉ DE L'ORGANISATION ET DES ATTRIBUTIONS
DES CORPS MUNICIPAUX,

Entiè[illegible]nt refondu, considérablement augmenté, et mis au courant de la
Législation et de la Jurisprudence actuelles;

PAR M. A. BOST

Avocat, an[illegible] Préfet, auteur de l'ENCYCLOPÉDIE DES JUSTICES DE PAIX
2e édition, 2 forts volumes in-8o
D[illegible]ORRESPONDANT DES JUSTICES DE PAIX, Journal mensuel
[illegible]t de divers autres ouvrages d'Administration et de Jurisprudence.

**L'Encyclopédie municipale se compose de 24 Codes-formulaires
formant 8 forts volumes in-8o, de 5 à 600 pages chacun.**

CODE FORMULAIRE DE LA CONSTITUTION

ET DE

LA CIRCONSCRIPTION DES COMMUNES.

PARIS
AU BUREAU DU *CORRESPONDANT DES JUSTICES DE PAIX*
RUE D'ANJOU-DAUPHINE, 8
ET CHEZ L'AUTEUR, RUE DES SAINTS-PÈRES, 12

SEPTEMBRE 1856

DIVISION GÉNÉRALE DE L'OUVRAGE.

Viendront ensuite les *Codes-Formulaires* consacrées aux objets suivants :

XIII. *Procès des communes ;*

XIV. *Travaux communaux ;*

XV. *Établissements communaux* (de culte, de bienfaisance, d'instruction publique et de répression).

XVI, XVII, XVIII. Viendront ensuite, dans l'ordre qui vient d'être indiqué, les *Codes-formulaires* relatifs à l'administration financière de la Commune, et qui comprendront : 1° *les Recettes ;* 2° *les dépenses ;* 3° *la Comptabilité.*

Après ces *Codes Formulaires*, où il ne sera question que des *affaires communales* proprement dites, il sera traité, dans des *Codes-Formulaires spéciaux*, des diverses attributions que les Maires tiennent du *Pouvoir administratif*, du *Pouvoir judiciaire* ou de *la Loi*, tels que :

XIX. La *Force publique* (Armée de terre et de mer, Gendarmerie, Garde nationale) ;

XX. Les *Contributions publiques ;*

XXI. Les *Élections* (autres que les élections municipales qui font l'objet d'un livre à part) : — *Elections des membres du Corps législatif*, des *Conseils généraux*, des *Conseils d'arrondissement*, des *Conseils de Prud'hommes.*

XXII. La *Police générale* (dans laquelle entreront les *Cours d'eau de toute espèce* et la *Grande voirie* (Chemins de fer, routes impériales, routes départementales) ;

XXIII. La *Police judiciaire ;*

XXIV. Les *Actes de l'État civil.*

On pourrait penser, au premier coup d'œil, qu'il y a quelque témérité, de la part du Législateur et des Pouvoirs publics à confier des attributions aussi étendues, aussi importantes, aussi difficiles, à des fonctionnaires qui pour la plupart n'ont fait, de notre droit public et administratif, qu'une étude peu approfondie. Et cependant, en général, à force de zèle, de courage et de dévouement, éclairés d'ailleurs, dans les cas les plus difficiles, par l'Administrations qui les dirige, les Conseillers municipaux et les Maires parviennent à s'acquitter convenablement de la lourde tâche qui leur est dévolue.

Toutefois on ne saurait méconnaître l'extrême besoin qu'ils ont tous, de livres qui leur en simplifient l'étude et leur en facilitent l'accomplissement. La meilleure volonté du monde ne supplée pas toujours au savoir. Il est surtout précieux de gagner du temps.

L'une des choses qui pouvaient être le plus utiles, sous ce dernier rapport, était, sans contredit, de joindre l'exemple au précepte, ou, si l'on veut, la pratique à la théorie, par un choix de bonnes *formules* pour tous les actes dont les Conseils municipaux et les Maires ont à s'occuper.

L'utilité d'une *Encyclopedie municipale*, composée de 24 *Codes-Formulaires*, sur tous les objets relatifs à l'*Organisation et aux attributions des Corps municipaux*, ne pouvait donc être un instant douteuse. C'est à ce grand travail que nous avons voué de longues et pénibles veilles.

Nous nous sommes attaché à y réunir la substance *des lois, des décrets, des ordonnances, des instructions et décisions ministérielles, des arrêts du Conseil d'État, des arrêts de la Cour de cassation et des Cours impériales, des jugements des Tribunaux de première instance, de Paix et de simple Police ; les opinions des auteurs les plus estimés, et nos propres doctrines, sur tout ce qui pouvait rentrer dans le cercle de l'administration des Conseils municipaux et des Maires.*

Ainsi l'ouvrage que nous annonçons ne sera point un *répertoire*, un *dictionnaire*, un *vocabulaire municipal.* La forme de ces livres a son utilité sans doute ; mais ils présentent, selon nous, un inconvénient réel, celui de morceler à l'infini des matières qui ne peuvent être bien saisies du lecteur que lorsqu'elles s'offrent à lui dans leur ensemble et dans leur liaison naturelle.

Ce n'est pas en parcourant successivement, et à mesure que le besoin des recherches se fera sentir, les articles partiels, disséminés dans un vocabulaire, qu'un magistrat municipal pourra se former une idée complète de ses devoirs. La législation municipale est trop vaste pour ne pas exiger une étude approfondie, et l'on ne peut faire avec fruit cette étude, comme toutes les autres, qu'en suivant une marche méthodique et régulière, où les conséquences soient rigoureusement déduites des principes posés, et où chaque partie de la science occupe la place qu'elle doit logiquement avoir. En effet, comme l'a si bien dit le chancelier Bacon : « *La méthode est l'architecture des sciences.* »

Du reste, en adoptant le plan d'un traité, nous avons été loin de vouloir renoncer à ce que la forme alphabétique présente d'utile pour les recherches. Chacun de nos *Codes-formulaires* renfermera une table alphabétique et analytique des matières. Notre travail réunira donc le double avantage d'un *Traité méthodique* et d'un *Dictionnaire.*

Les 24 *Codes-Formulaires*, comprenant chacun de 150 à 200 pages, et groupés au nombre de 3, formeront 8 volumes in-8°, de 5 à 600 pages chacun, dont la réunion composera l'ensemble de l'*Encyclopédie municipale.* Toutefois il sera facultatif à tout souscripteur d'acquérir séparément tel *Code-Formulaire* qui lui conviendra.

CONDITIONS DE LA SOUSCRIPTION.

L'ENCYCLOPÉDIE MUNICIPALE, composée de 24 *Codes-Formulaires*, dont 2 ont déjà paru et dont le 3e est sous presse, sera publiée en totalité dans un intervalle de *deux ans*. — Il paraîtra donc, à peu près, *un Code par mois*.

Le prix de chaque **CODE-FORMULAIRE**, lorsqu'on le prendra séparément, est fixé à 2 fr. 50. Pour le recevoir *franco*, dans toute la France, il suffira d'adresser (par lettre affranchie) un *bon sur la poste*, de cette somme, ou la même valeur en *timbres-poste*, à M. BOST, rue des Saints-Pères, n° 12.

Les personnes qui souscriront à l'ouvrage entier ne le paieront qne 48 fr. au lieu de 60, et le recevront également *franco*, au fur et à mesure de sa publication, pourvu qu'elles aient adressé d'avance, A L'AUTEUR, *par lettre affranchie*, un mandat DE LA SOMME DE 12 fr., pour **CHAQUE SÉRIE DE SIX CODES-FORMULAIRES**, de telle sorte que chacune des séries soit toujours payée d'avance, jusqu'à la fin.

CODE-FORMULAIRE

DE LA CONSTITUTION ET DE LA CIRCONSCRIPTION

DES COMMUNES.

PRÉCIS HISTORIQUE SUR LES COMMUNES.

1. *Motifs de ce précis.*
2. *La commune existe chez tous les peuples civilisés.*
3. *Origine de la commune actuelle dans le municipe romain.*
4. Ire ÉPOQUE. — *Domination romaine.*
5. IIe ÉPOQUE. — *Domination franque et féodalité.*
6. IIIe ÉPOQUE. — *Affranchissement.*
7. IVe ÉPOQUE. — *Affaiblissement.*
8. Ve ÉPOQUE. — *Rénovation.*
9. *La commune en* 1789.
10. *La commune sous la constitution de* 1791 *et celle du* 5 *fruct. an III.*
11. *La commune sous le Gouvernement consulaire et sous l'Empire.*
12. *La commune sous la Charte de* 1814.
13. *La commune sous le régime des lois de* 1831 *et de* 1837.
14. *La commune actuelle.*

1. Il est naturel d'ouvrir un traité sur les *communes,* par un court exposé des différentes phases par lesquelles ces sortes d'associations ont passé, avant d'arriver à l'état où nous les voyons aujourd'hui. Un tel examen est déjà digne d'inspirer un vif intérêt, sous le rapport purement historique; mais il est utile surtout comme formant une partie essentielle de l'étude que nous avons entreprise, puisqu'on ne saurait pénétrer profondément dans la connaissance du régime municipal, sans s'être formé une idée, au moins générale, des variations successives qu'il a subies.

2. « Les nations nomades sont les seules chez lesquelles l'association municipale soit inconnue ; leur genre de vie la repousse; elles ont la horde ou la tribu, organisée de manière à pourvoir aux intérêts communs des hommes qui la composent. Mais dès qu'un peuple devient sédentaire, qu'il a des habitations fixes, et qu'il cultive le sol, *la commune* s'établit nécessairement. Aussi la trouvons-nous en tous lieux et en tout temps, dans l'antiquité comme dans les siècles modernes. Elle ne subit d'éclipses qu'autant que la liberté civile et personnelle en subit elle-même ; elle est inhérente à la civilisation ». (Vatisménil, *Rapp. à l'Assembl. nation.*, 20 juin 1851.)

3. La dénomination de *communes*, attribuée à des confédérations de bourgeois, unis par divers intérêts collectifs, ne remonte guère au-delà du XIIe siècle : mais il a été démontré par un de nos historiens les plus distingués [1], que ces communes qui, en si grand nombre, prirent naissance sous le règne de Louis-le-Gros et de ses premiers successeurs, n'étaient, pour la plupart, que la continuation et le complément des *municipes* établis dans les Gaules par les Romains.

Nous croyons, en conséquence, devoir remonter jusqu'à l'origine de ces mêmes municipes.

4. Ire Époque. — *Domination romaine.* — Il serait difficile de déterminer quelles étaient les institutions politiques des peuples qui habitaient les Gaules, antérieurement à la domination romaine. Nous ne possédons à cet égard que des données confuses, sur lesquelles d'ailleurs il serait sans objet de s'arrêter ici.

Lorsqu'après dix ans de luttes sanglantes, les Gaulois désunis cessèrent de résister aux légions romaines, les vaincus se plièrent graduellement aux mœurs de leurs maîtres. Ces hommes à demi-sauvages, qui avaient longtemps tenu leurs assemblées générales dans les bois, sentirent le besoin d'une vie moins rude. Ainsi s'accrut naturellement le nombre des villes ; mais d'autres causes contribuèrent au même résultat. Les Romains avaient l'habitude d'envoyer, dans les terres nouvellement conquises, des colonies qui s'établissaient dans des villes déjà bâties, ou qui en construisaient de nouvelles ; telle fut l'origine d'un grand nombre de cités disséminées sur les bords du Rhin et du Danube.

Il exista d'abord de grandes différences dans les conditions et la liberté de ces diverses villes. Les unes, plus ou moins anciennement s'étaient alliées aux Romains. Elles conservèrent, à peu près sans modification, leur administration intérieure. Les autres qui ne s'étaient rendues qu'à

[1] Raynouard, *Histoire du droit municipal en France*.

la dernière extrémité, furent traitées en ennemies. C'est ainsi que, suivant qu'elles inspiraient au vainqueur plus ou moins de sécurité, les villes dont nous venons de parler reçurent les noms divers de *villes confédérées*, *municipes*, *villes d'impôt*, *colonies et préfectures*.

Celles de la première et de la seconde espèce jouissaient du privilége de se gouverner elles-mêmes, sous la suzeraineté du vainqueur. Elles avaient conservé leur droit civil particulier, leurs anciennes coutumes, et n'avaient adopté des Romains que le mécanisme de leur administration intérieure. Les autres, au contraire, étaient gouvernées à peu près arbitrairement par les officiers romains qu'on y envoyait. Toutefois le cours du temps avait déjà notablement altéré les différences que nous venons de remarquer entre ces villes, lorsqu'Antonin Caracalla accorda le droit de cité romaine à toutes les villes de l'Empire. Depuis cette époque, elles prirent toutes le nom de *municipes* [1].

Le régime intérieur de ces municipes ressemblait beaucoup à celui de Rome. A l'image du sénat romain, elles avaient chacune un collége de décurions, appelé *Curie*, et composé des principaux citoyens. La curie se partageait en deux assemblées, de rang inégal, qui administraient de concert les affaires de la cité.

De même que la curie offrait une image du sénat, deux magistrats, appelés décemvirs, exerçaient des fonctions analogues à celles des consuls. Ils étaient élus tous les ans par les décurions, et faisaient exécuter les décisions de la curie. Dans les causes de peu d'importance, ils exerçaient le pouvoir judiciaire, qui, dans les grandes affaires, appartenait exclusivement au président de la province ou à ses délégués.

Les autres magistrats, tels que les *décemvirs*, les *censeurs*, les *édiles*, et les *questeurs* étaient, ainsi qu'à Rome, spécialement chargés, sous l'inspection de la curie, d'une partie de l'administration municipale. Parmi ces derniers magistrats, nous devons surtout mentionner le *défenseur de la cité* dont la mission, sous plusieurs rapports, ressemblait à celle des tribuns du

[1] Les membres de la *communauté d'habitants* étaient appelés à Rome *municipes*, en ce sens qu'ils étaient *muneris participes*, une sorte de *communistes*, reçus dans la cité pour participer à ses droits et à ses charges, *recepti in civitate ut munera nobiscum facerent* (L. § 1, ff. *ad municipalem.*)

peuple ; car il devait, comme ceux-ci, défendre les citoyens du dernier rang contre les injustices des puissants et des riches. Il était élu par la généralité des citoyens. Sa nomination, qui, dans le principe, était quinquennale, fut, dans la suite, renouvelée tous les deux ans. Les décurions étaient exclus de cette magistrature, à laquelle étaient dévolues quelques attributions judiciaires du dernier degré.

Chaque cité avait, en outre, ses revenus qui consistaient dans le produit de certains biens-fonds ou dans des octrois, et sa milice, qui servait tantôt l'empereur, dans ses guerres contre l'étranger, tantôt la cité contre les cités voisines.

Le régime municipal ne fut pas seulement établi dans la Gaule méridionale, soumise plus tôt, et pendant un temps plus long, à la domination romaine; on le retrouve encore dans les provinces situées au nord de la Loire. Ainsi, des documents historiques prouvent que Bayeux, Évreux, Rennes, Troyes, Meaux, Saint-Quentin, Paris, Orléans, ont joui des libertés municipales. Il en fut de même probablement de toutes les villes importantes qui existaient alors.

5. IIe ÉPOQUE. — *Domination franque et féodalité.* — Suivant quelques historiens, on comptait environ cent vingt villes municipales dans les Gaules, lorsque les Francs, sous le commandement de Clovis, soumirent ce pays à leur domination. Les vainqueurs conservèrent de ce régime tout ce qui était compatible avec le droit de conquête; et, quoique des gouverneurs, sous le titre de *comtes* et de *ducs*, se rendissent dans les cités pour y représenter le nouveau maître, elles ne cessèrent pas d'avoir des magistrats, des milices et des revenus particuliers.

Les choses restèrent à peu près dans cet état, sous les rois de la première race; mais durant la seconde, du huitième au dixième siècle, les institutions municipales s'affaiblirent de plus en plus, et finirent par disparaître presque entièrement au milieu du chaos de la féodalité.

6. IIIe ÉPOQUE. — *Affranchissement.* — Du dixième au douzième siècle, la scène change. Les villes s'insurgent de tous côtés contre leurs seigneurs, non peut-être qu'il y eût concert entre toutes ces villes; mais ce mouvement se déclare presque partout en même temps. Par le récit des massacres, des incendies, des pillages, des cruautés de toutes sortes qui ensanglantèrent cette époque, on peut juger de l'exaspéra-

tion qui animait, les uns contre les autres, les esclaves et les maîtres. Le tableau de cette formidable lutte se trouve énergiquement retracé dans les lettres sur l'Histoire de France, de M. Augustin Thierry, et dans la 7e leçon du Cours d'histoire moderne, professé, en 1828, à la Faculté des lettres, par M. Guizot.

Enfin, après des combats acharnés, et vers la fin du XIIe siècle, l'affranchissement des communes fut consommé. La France, après avoir été couverte d'insurrections, fut couverte de chartes. Les communes qui, pendant le temps de leur servitude, étaient descendues au dernier degré d'abaissement et de misère, parvinrent, avec la liberté, à un tel état de puissance et de grandeur, qu'on vit des rois solliciter l'honneur de faire partie de ces confédérations.

Il règne une grande variété de détails dans les chartes rédigées à cette époque. Cependant elles ont toutes entre elles des points généraux de ressemblance, tels que la formule de l'acte de confédération, par lequel les habitants se jurent entre eux secours et assistance, etc.

Les chartes déterminaient le nombre, les attributions et les formes de l'élection des différents magistrats municipaux. On les appelait plus ordinairement *maires, échevins* et *jurés* dans les villes de la France septentrionale, *syndics* et *consuls* dans la partie méridionale. Quoiqu'il fût ordinaire, dans les chartes des communes, de laisser aux bourgeois le droit d'élire les officiers municipaux, ce droit ne leur était pas toujours attribué sans restriction. Ainsi, dans les communes de Rouen et de Falaise, les *cent pairs* de la ville avaient seulement le droit de présenter trois notables au roi, qui s'était réservé de choisir parmi les trois celui qui devait être maire de la ville [1].

Les magistrats des communes étaient tirés de leur sein : c'était une suite nécessaire de leur institution.

A l'égard des forces qu'avaient les communes pour faire respecter leurs droits, pour défendre leurs domaines et les personnes de leurs habitants, on en voit encore de nombreux vestiges dans les tours, les fossés, les remparts, les souterrains qu'on rencontre dans toute la France,

D'un autre côté, le droit de guerre qu'avaient les communes est attesté par toutes nos histoires, soit générales,

[1] Ordon. des rois de France, préf., tom. II.

soit particulières. Dans la charte de la commune de la Saint-Jean-d'Angély, Philippe IV non-seulement permit, mais ordonna aux habitants de déployer toutes leurs forces contre ceux qui oseraient les attaquer.

Dans celle de la ville de Roye, il est spécifié que, si quelque étranger, soit noble, soit roturier, cause quelque dommage à la commune, et qu'il refuse d'obéir à la sommation de le réparer, le maire, à la tête de ses concitoyens, ira détruire l'habitation du coupable ; et si c'est un lieu trop fort, le roi lui-même s'engage à les secourir [1].

Dans certaines circonstances, prévues par la charte, les corps municipaux des villes étaient investis du pouvoir judiciaire. A l'appui de ce fait, nous nous contenterons de citer cet article de la coutume de Boulonais : « *Au pays de Boulonais, il y a cinq villes de loi, ayant maire et échevins, qui ont connaissance du fait politique et de toutes matières survenantes aux bourgeois* ».

Ces cinq villes étaient des villes de commune que l'on appelait aussi *villes de loi*, parce que les échevins, jugeant d'après leur conscience dans tous les cas qui n'étaient pas décidés par la charte, étaient regardés comme des lois vivantes. Aussi les appelle-t-on les hommes de loi ou simplement les lois de la commune. C'est dans ce sens que la commune d'Artois dit : *Les huissiers doivent demander assistance aux lois des lieux*, c'est-à-dire aux échevins des communes.

Les anciens corps municipaux étaient encore désignés sous le nom de cour de bourgeoisie. *Ceux de la cour de bourgeoisie*, disent les assises de Jérusalem [2], *sont les hommes de la cité les plus loyaux et les plus sages.*

[1] Quæ si sit adeò fortis ut vi burgensium dirui non possit, ad eam diruendam vim et auxilium conferemus (*Recueil des ordon. du Louvre*, tom. V.)

[2] Recueil de statuts pour le gouvernement du Royaume de Jérusalem. Ces *assises* ont été rédigées, dans leur texte primitif, vers la fin du onzième siècle (1099), à l'époque la plus obscure de l'histoire de notre droit. Godefroy de Bouillon, roi de Jérusalem, les avait fait écrire en lettres majuscules, avec les initiales en or. Chaque page portait la signature ainsi que le sceau du roi, du patriarche et du vicomte de la ville. Les assises étaient déposées dans l'intérieur du Saint-Sépulcre, et, dans les cas difficiles, on recourait à leur autographe avec l'assistance de neuf personnages choisis parmi les premiers des trois ordres.

Vers 1789, Louis XVI, ayant appris que la république de Venise possédait

Parmi les priviléges des communes, il faut encore compter le droit de *beffroi* ou de *cloche* pour convoquer les citoyens ou les magistrats. On voit combien ce droit était cher aux communes par l'importance qu'elles mettaient à rendre imposante et gracieuse la tour de leur beffroi. Toutes les richesses, toutes les délicatesses de l'élégante architecture du moyen âge sont prodiguées dans ce monument de prédilection, autour duquel se concentrait en quelque sorte la vie communale, et dont il reste des traces si remarquables dans les hôtels-de-ville de quelques-unes de nos vieilles cités.

Enfin, quelques communes avaient le droit de battre monnaie, l'une des prérogatives les plus caractéristiques de la puissance souveraine; d'avoir un sceau pour sceller les délibérations de leurs magistrats, et presque toujours des armoiries particulières, ce qui caractérisait une existence seigneuriale.

Telles furent les principales prérogatives des communes. Mais ces avantages étaient compensés par des obligations très-onéreuses. Telle était la nécessité de guerroyer sans cesse pour se défendre, soit contre les seigneurs qui voulaient ressaisir leur ancienne puissance, soit contre les paysans des campagnes qui voyaient avec jalousie les avantages dont jouissaient les villes.

Les bourgeois des communes devaient en outre, dans certaines circonstances, accompagner le roi ou le seigneur dans ses expéditions, et lui payer certains tributs.

7. IVe ÉPOQUE.—*Affaiblissement.*—Les communes se maintinrent dans la plupart de leurs priviléges, jusque vers la fin du XIIIe siècle. Mais cette époque fut pour elles le point de départ d'une nouvelle décadence. Jusqu'à ce moment, en effet, elles n'avaient eu à lutter que contre leurs seigneurs respectifs. Mais, quand la puissance royale eut commencé à absorber en elle les droits et les forces d'une multitude de seigneurs, les communes, dans l'état d'isolement où elles se trouvaient les unes à l'égard des autres, ne furent plus en état de résister.

un texte exact et complet de l'ancien manuscrit français des assises, en souhaita une copie, qui fut faite par le savant Morelli. Cette copie, envoyée à Paris en 1791, fut perdue dans les troubles de la révolution. Elle a été retrouvée, après des vicissitudes extraordinaires, en 1828, et appartient aujourd'hui à la Bibliothèque impériale.

Aussi, de la fin du XIIIe siècle datent les premiers règlements généraux qui altérèrent l'indépendance communale. A ces mesures générales vinrent s'en joindre de partielles. Telle ville fut privée de sa charte, parce que, disait-on, elle en abusait; telle autre parce qu'elle était hors d'état d'en présenter l'original. Les priviléges communaux s'affaiblirent ainsi de plus en plus, à mesure que grandissait le colosse de la puissance royale; et lorsque celui-ci, vers la fin du XVIIe siècle, eut atteint tout son développement, les pouvoirs municipaux n'étaient déjà plus que des charges vénales.

8. Ve ÉPOQUE. — *Rénovation.* — La grande régénération sociale qui s'opéra vers la fin du XVIIIe siècle, fut pour les communes une nouvelle époque de rajeunissement ou plutôt de transformation générale.

9. Le décret de l'Assemblée constituante du 14 déc. 1789 supprima pour toujours toutes les municipalités des villes, bourgs, paroisses et communautés, pour les remplacer par des municipalités formées sur un nouveau mode, mode unique pour toute la France. L'administration municipale, élue par les habitants de la commune, fut divisée en deux parties. L'une d'elles constitua un corps délibérant, sous le nom de *conseil général de la commune*. L'autre, *composée d'un certain nombre de membres du corps municipal, sous la présidence d'un maire*, fut chargée de l'autorité exécutive; mais ces municipalités, au lieu de se restreindre, comme les anciennes, à la gestion des intérêts locaux, « devaient joindre aux fonctions propres au pouvoir municipal, des fonctions propres à l'administration générale de l'Etat, et qui leur seraient déléguées par elle ». Ces principes furent développés et expliqués par différentes lois de 1790 et de 1791, qui réglèrent les limites et l'exercice de la police municipale.

10. La constitution de 1791 consacra de nouveau cet ordre de choses par des dispositions expresses; mais la constitution du 5 fruct. an III, tout en conservant la division du territoire français, établie par le décret du 11 août 1789 et la constitution de 1791, n'accorda une administration municipale qu'aux villes ayant plus de 5,000 habitants. Toutes les communes qui avaient une population inférieure à ce chiffre, furent englobées dans une administration cantonale.

Chacune des communes du canton élisait un agent principal. Ces agents réunis composaient la municipalité, auprès de laquelle était placé un commissaire du Directoire.

11. Ce système ne dura que jusqu'à la loi du 28 pluv. an VIII, qui rendit à la commune son individualité, en confiant son administration à un maire assisté d'un conseil municipal. Mais cette loi, par une réaction assez ordinaire à la suite des troubles politiques, supprima le principe d'élection, et attribua au chef de l'État la nomination des maires, adjoints et conseillers municipaux.

12. Sous l'empire de la charte de 1814, les conseillers municipaux continuèrent à être choisis par le souverain.

Cependant le vœu du pays appelait de toutes parts des institutions vraiment communales.

13. Ce vœu fut longtemps méconnu; mais la révolution de 1830 vint lui imprimer une force irrésistible, et la charte de cette époque promit « des institutions municipales fondées sur un système électif » (Art. 69, § 7). Ces institutions furent l'objet des lois des 21 mars 1831, et 18 juillet 1837, la première uniquement relative à l'*organisation*, et la seconde aux *attributions des corps municipaux*.

14. L'Assemblée nationale issue de la révolution de février 1848 substitua le suffrage universel au système habilement pondéré que la loi du 21 mars 1831 avait établi pour l'*élection* des conseils municipaux; mais les *attributions* municipales continuèrent pour la plupart à être régies par la loi du 18 juillet 1837. Cet état de choses reçut une modification profonde par le décret du 25 mars 1852, sur la *décentralisation administrative*. — Enfin la loi du 5 mai 1855 a fixé les bases actuelles de l'*organisation des attributions des corps municipaux*. De la combinaison de cette loi avec les dispositions des lois antérieures, qu'elle a implicitement maintenues, résulte le vaste ensemble du droit municipal français dont nous avons entrepris d'exposer les détails dans une série de *Codes formulaires*, composant par leur réunion une *Encyclopédie municipale*.

TITRE I.

DE LA COMMUNE CONSIDÉRÉE DANS SES RAPPORTS AVEC CHACUN DE SES MEMBRES ET AVEC L'ÉTAT.

CHAPITRE I.

Considérations générales sur la commune. — Définition de son caractère propre.

1. *Définition de la commune.*
2. *Les communes sont des personnes morales, aptes à faire tous les actes de la vie civile.*
3. *Elles ne sont plus des localités privilégiées.*
4. *Points de vue divers sous lesquels il y a lieu de les examiner,*

1. La commune est le principe, le motif, le but de l'administration municipale; elle est son théâtre, son élément, la mesure de son action. L'ordre des idées nous conduit donc à déterminer, avant tout, en quoi consiste la commune.

Suivant la constitution du 3 sept. 1791 (tit. II, art. 8), « les citoyens français, considérés sous le rapport des relations locales qui naissent de leur réunion, dans les villes et dans certains arrondissements du territoire des campagnes, forment des communes ». — Cette définition est inexacte, en ce que des citoyens peuvent être réunis dans certaines villes ou dans certains arrondissements des campagnes sans former des communes.

« Une commune », dit d'un autre côté le décret des 10-11 juin 1793 (Sect. I, art. 2), « est une société de citoyens unis par des relations locales, soit qu'elle forme une municipalité particulière, soit qu'elle fasse partie d'une autre municipalité ». — Cette nouvelle définition a, comme la première, le défaut de ne point préciser en quoi consistent les relations qui caractérisent la commune. Elle présenterait d'ailleurs aujourd'hui une grave inexactitude, en ce qu'elle impliquerait qu'une municipalité peut renfermer plusieurs communes, tandis que chaque commune doit nécessairement avoir une municipalité distincte.

Peut-être pourrait-on définir plus exactement en quoi

consiste la commune, en disant que c'est une association particulière dans laquelle un certain nombre d'individus jouissent en commun, sous la condition de remplir certaines obligations, de certaines propriétés ou de certains droits, dans les limites d'une portion du territoire soumise à une seule administration municipale.

2. L'un des principaux caractères de ces agrégations d'habitants, c'est qu'elles peuvent, sous de certaines conditions, et dans la limite posée par les lois générales de l'Etat, acquérir, aliéner, échanger, emprunter, faire en un mot tous les actes de la vie civile. — Les communes sont donc en quelque sorte des personnes morales, qui se prolongent tant que leur existence n'a pas été détruite dans les formes déterminées par la loi.

3. Mais, si les communes ont une existence propre, il ne faut pas perdre de vue qu'elles ne sont plus, comme avant la révolution de 1789, des localités privilégiées, soustraites, sous quelques rapports, à l'action de l'administration générale. D'après nos lois actuelles, l'égalité civile existe pour les communautés d'habitants, aussi bien que pour les simples individus; et cela doit être. Les droits naturels et politiques des citoyens sont aujourd'hui garantis par la constitution ; d'un autre côté, des lois générales règlent tout ce qui touche au droit civil et au droit pénal. Il n'y a donc plus de motifs pour que la commune protége collectivement des droits qui sont parfaitement défendus d'ailleurs.

4. Ainsi la commune doit être considérée sous deux points de vue : comme un tout, et comme faisant partie d'un tout.

Sous le premier rapport, c'est une association distincte, ayant des intérêts à elle propres. Il est juste qu'elle ait, dans une certaine mesure, le droit de veiller, par elle-même ou par ses délégués, à la conservation de ces intérêts. Le législateur a également dû se reposer sur elle du soin de régler certains points de police locale, qui lui sont en quelque sorte personnels, et qui, d'ailleurs, n'auraient point été susceptibles d'un règlement uniforme pour toute la France. Mais là doivent se borner les effets de l'existence individuelle de la commune.

Sous le second point de vue, la commune n'est qu'une fraction du territoire français, qu'une circonscription administrative, qu'une unité soumise, comme toutes les autres, aux lois générales de l'État, et, par suite, aux autorités chargées de leur application.

CHAPITRE II.

DES CONDITIONS SOUS LESQUELLES ON EST MEMBRE OU HABITANT D'UNE COMMUNE.

5. *Droits et devoirs des membres d'une commune.*
6. *Feu et domicile.*
7. *Année de résidence.*
8. *Examen de la question des droits d'incolat, de bourgeoisie,* etc.

5. De la qualité de membre d'une commune résultent des droits et des devoirs; par elle on est apte à participer à la jouissance des biens, fruits et avantages communaux; de même qu'on est tenu de contribuer aux charges communales. Il importe en conséquence de déterminer sous quelles conditions on doit être considéré comme membre de la commune, afin qu'on ne puisse être privé des avantages, ni se soustraire aux obligations résultant de ce titre.

6. Aux termes de l'art. 542, C. Nap., les biens communaux sont ceux à la *propriété* ou au *produit* desquels les *habitants* d'une ou plusieurs communes ont un droit acquis. Ainsi, en premier lieu, pour participer *à la propriété* et *à la jouissance des biens d'une commune*, ou, en d'autres termes, pour être *membre* de cette commune, il faut y avoir son *habitation,* son *domicile.*

7. Mais, suivant l'art. 103 du même code, le changement de domicile s'opère par *le fait* d'une habitation réelle dans un autre lieu, *joint à l'intention* d'y faire son principal établissement; et, d'après l'art. 104, la preuve de l'intention résulte d'*une déclaration expresse, faite tant à la municipalité du lieu qu'on quitte, qu'à celle du lieu où l'on aura transféré son domicile.*

Faut-il conclure de ces dispositions que le *domicile communal,* ainsi que le *domicile civil*, s'établit par la double déclaration dont il vient d'être parlé? ou bien, au contraire, d'après les lois spéciales que nous allons citer, le domicile communal ne s'établirait-il que par *une année de résidence* ?

Peu de questions ont donné lieu à plus de controverses de la part des auteurs ; à plus de décisions contradictoires de la part de l'administration et des tribunaux. Cettte divergence d'opinions tient surtout à la confusion qu'on a faite entre les principes du droit commun et les règles spéciales qui régissent le droit communal. Sans doute, le domicile de tout Français, *quant à l'exercice de ses droits civils*, est au lieu où il a son principal établissement (C. Nap. 102) ; sans doute, pour transférer son domicile d'un lieu dans un autre, il suffit de l'habitation réelle dans ce dernier, jointe à une déclaration, faite tant à la municipalité du lieu qu'on quitte, qu'à celle du lieu qu'on vient habiter (C. Nap., 103 et 104). Mais le domicile acquis de cette manière n'est évidemment qu'un *domicile civil*, c'est-à-dire relatif à l'exercice du droit civil. Autrefois, les questions relatives à ce domicile étaient beaucoup plus importantes qu'elles ne le sont aujourd'hui. Lorsque le territoire français était partagé en une infinité de coutumes locales, qui avaient chacune des règles différentes, pour l'époque de la majorité, la communauté conjugale, les droit de primogéniture, etc., etc., les droits civils variaient à l'infini, suivant les localités. Il n'en est plus de même aujourd'hui, sans doute ; et les effets du domicile civil sont beaucoup plus restreints. Toutefois, ces effets existent encore. C'est le domicile civil qui détermine quel est le juge naturel d'une personne, dans quel lieu s'ouvre une succession, etc., etc. Mais quel rapport peut-il y avoir entre ces effets du domicile civil et le droit de participer à des biens communaux, en qualité de *membre d'une commune* ? La commune, ainsi que nous l'avons vu dans le chapitre précédent, est une association distincte, ayant des biens, des intérêts particuliers. Les droits de ses membres, en tant que *communistes*, doivent donc être distingués de ceux qu'ils possèdent comme *citoyens*, quoique cependant ils ne puissent jouir des premiers qu'autant qu'ils n'ont pas perdu les seconds. Les qualités qui confèrent le droit de participer aux avantages communaux, doivent donc être fixées par des lois autres que celles du droit commun. Aussi existe-t-il sur ce point des lois spéciales, que nous allons rappeler.

Le décret du 10 juin 1793, relatif au partage des biens communaux, ne dit point, il est vrai, en termes formels, que le domicile communal ne s'acquiert que *par une année de résidence* ; mais c'est une conclusion qui s'induit nécessairement de ses dispositions. En effet, par un décret du 14 août 1792, l'Assemblée législative avait ordonné le partage des biens communaux entre tous les habitants ; mais elle avait renvoyé à un décret ultérieur le soin d'appliquer cette mesure. Ce fut la Convention qui, par le décret du 10 juin 1793, mit en pratique le principe posé le 14 août précédent. Il fallut déterminer à quel caractère on reconnaîtrait ceux qui, au 14 août 1792, étaient habitants d'une commune, et l'art. 3, sect. II, porte : « Sera réputé habitant tout citoyen français domicilié dans la commune *un an avant* le jour de la promulgation du décret du 14 août 1792, ou qui ne l'aurait pas quittée *un an avant* cette époque pour s'établir dans une autre commune ». L'art. 37, sect. III, du même décret du 10 juin 1793, porte également : « Les *revenus* provenant, soit du prix de ferme de bien patrimoniaux ou communaux qui ne seraient pas partagés, ou de la vente, etc., *seront partagés* par tête, *dans la forme prescrite pour le partage des biens communaux* ». Ainsi, qu'il s'agisse du partage de biens communaux, ou seulement du partage des revenus de ces biens, le titre qu'il faut présenter pour être admis à ce partage, c'est *la résidence dans la commune pendant une année*.

Ce principe de la nécessité de la résidence annale, pour être réputé membre d'une commune, a constamment été maintenu par le législateur. En effet, le décret du 24 vendém. an II. sect. V, art. 4, établit que, pour acquérir le *domicile de secours* dans une commune, c'est-à-dire pour en être réputé membre, quant à la distribution des ressources dont elle dispose en faveur des indigents, « il faut *un séjour d'un an* dans cette commune ». — Suivant le décret du 10 vend. an IV, relatif à la police intérieure des communes, chaque commune est responsable des délits commis à force ouverte sur son territoire ; or, comme il est juste qu'une telle responsabilité ne s'étende qu'aux membres mêmes de la commune, le décret a soin d'ordonner qu'il sera dressé un tableau de tous les habitants ; et, pour être compris sur ce tableau, il faut avoir acquis son domicile dans la commune depuis une année. — Enfin, la constitution du 22 frim. an VIII porte, tit. I, art. 6. que, « pour exercer les droits de cité dans un arrondissement communal, *il faut y avoir acquis domicile par une année de résidence.* »

Comme on le voit, la condition de la résidence annale se retrouve partout, et l'administration supérieure s'est constamment attachée à la maintenir.

Un décret du 23 avril 1807 [1], qui a pour objet de régler la jouissance des biens de la commune de Scheveinheim, appelle (art. 9) à participer à cette jouissance « les Français qui auront établi *depuis l'an et jour* leur domicile dans la commune ».

Un avis du Conseil d'État, du 4 juin 1807, applique les mêmes principes aux communes des départements de la rive gauche du Rhin, qui, en vertu de statuts locaux, prétendaient exiger des nouveaux habitants le droit connu sous le nom de *droit de bourgeoisie*. Le considérant de cet avis est ainsi conçu : « Vu les art. 2 et 6 des constitutions de l'empire du 22 frim. an VIII, et les art. 102 et 103 C. Nap. ; — Considérant que les constitutions de l'empire ont déterminé les conditions requises pour acquérir le domicile dans une commune ; que, suivant leurs dispositions, tout individu regnicole qui, après avoir déclaré à la municipalité l'intention de s'établir dans une commune, *y a, depuis, demeuré pendant un an, et a été imposé au rôle des contributions*, a acquis domicile dans ladite commune ; que ce serait également enfreindre ces lois que d'en retrancher ou d'y ajouter quelque chose, etc ».

De la combinaison de ces dispositions diverses, il suit évidemment que, pour faire partie d'une commune, il faut être *Français*, et avoir fixé sa résidence dans cette commune depuis *une année*. — Pour constater cette année de résidence, il est nécessaire que le nouvel habitant déclare, à la mairie, l'intention de se fixer dans la commune L'année se compte à partir de cette déclaration. — Les tribunaux ordinaires sont seuls compétents pour connaître des questions relatives au domicile.

8. Des difficultés s'étaient élevées dans plusieurs départements, au sujet d'anciens usages, d'après lesquels toute personne née hors de la commune où elle venait s'établir devait verser, dans la caisse municipale, une somme d'ar-

[1] Ce dernier n'a pas été inséré au *Bulletin des lois*, mais il existe, en original, aux archives administratives du C. d'État, sous le n° 21,182.

gent pour être admise à la jouissance des biens communaux.

Le comité de l'intérieur, consulté sur la légalité de ces taxes, désignées, suivant les localités, sous les noms de *droits d'entrée en jouissance, droits d'incolat, droits de bourgeoisie,* etc., et dont les conseils municipaux réclamaient le maintien, prit le 12 janv. 1838, une délibération portant « que, même en restreignant la qualité d'habitants à ceux qui sont domiciliés dans la commune, on ne pourrait, sans violer soit l'art. 512, C. civ. qui définit les biens communaux, soit les art. 102 et suivants du même code relatifs au domicile, établir, quant à la jouissance des biens communaux, entre les anciens et les nouveaux domiciliés, une distinction qui tendrait à exclure ces derniers de tout ou partie des droits acquis aux habitants en général; que, par conséquent, dans le cas où les conseils municipaux auraient exclu, par leurs délibérations, les nouveaux domiciliés de la jouissance des droits acquis aux autres habitants, il y aurait lieu, par les préfets, à prononcer l'annulation de ces délibérations, pour violation d'une loi, en vertu de l'art. 18 de la loi du 18 juillet 1837 ».

Le Ministre de l'intérieur adopta ces conclusions, conformes d'ailleurs à l'avis du Conseil d'État du 4 juin 1807, concernant les communes des départements de la rive gauche du Rhin, ainsi qu'à plusieurs décisions judiciaires, notamment à un arrêt de la Cour de Colmar, du 26 nov. 1836; et une circulaire fut adressée dans ce sens aux préfets, le 28 mars 1838.

TITRE II

DE LA COMMUNE CONSIDÉRÉE DANS SA CIRCONSCRIPTION.

CHAPITRE I.

DES GARANTIES EXIGÉES PAR LA LOI POUR LES RÉUNIONS OU DISTRACTIONS DE COMMUNES.

9. *Motifs qui peuvent nécessiter des modifications dans la circonscription actuelle des communes.*
10. *Mesures qu'il y a lieu de prendre en cette circonstance.*

11. *Objets qui doivent fixer l'attention de l'administration supérieure. — Division*

9. La commune n'est pas, comme le département, l'arrondissement, ou le canton, une simple circonscription administrative, que le législateur a pu tracer à son gré, suivant les exigences des besoins nouveaux qui avaient surgi en France en 1789. La commune n'est point une création politique, et, en quelque sorte, une fiction de la loi. C'est une réalité puissante, née d'une foule de circonstances que le temps avait respectées et consacrées. — « Le lien de la commune, dit M. de Barante, est la suite de longues habitudes. Le paysan aime son clocher; c'est dans l'église de sa commune que sont concentrés tous ses souvenirs; c'est dans le cimetière que ses pères ont été enterrés. Les chemins vicinaux ont été tracés pour communiquer avec le hameau paroissial. Il se mêle à l'existence *distincte* de la commune un sentiment d'amour-propre, une sorte de patriotisme restreint à la portée des hommes dont les regards ne pourraient s'étendre plus loin. »

Toutefois, il peut arriver que, par suite de modifications successives dans la constitution intérieure d'une commune, sa circonscription, sa population ou ses ressources aient cessé d'être en rapport avec l'intérêt particulier de ses habitants, comme avec l'action bien entendue de l'administration générale. L'esprit de conservation ne saurait justifier, dans ce cas, le maintien des anciennes limites, au mépris de tous les besoins reconnus.

L'existence des communes qui ne réunissent pas une population et des revenus suffisants, présente des obstacles permanents à l'exécution franche et régulière des lois d'organisation et d'intérêt général. Elle a, d'un autre côté, pour résultat d'augmenter les dépenses, et, par conséquent, la masse et le poids des impôts; car, plus les centres d'administration sont multipliés, plus le nombre et les frais des services publics s'accroissent. Ainsi, les réunions ont un double avantage. D'une part, en augmentant le nombre des habitants, elles donnent les moyens de recruter une administration éclairée dans le sein de la commune. D'autre part, en réduisant le nombre des centres d'administration, et, partant, des services ou des établissements publics qui leur sont attachés, elles diminuent les dépenses, et mettent deux communes, incapables de soutenir deux administrations séparées, à même d'en faire marcher une régulièrement. » (Avis du Com. de l'int., 11 août 1835.)

Si à ces puissantes considérations morales on ajoute cette observation de fait que les circonscriptions communales d'aujourd'hui ne sont, pour la plupart, autre chose que les circonscriptions des anciennes paroisses, on reconnaîtra sans peine à combien de ménagement ont droit ces anciennes habitudes si étroitement liées à tout ce qu'il y a de plus intime et de plus sacré dans le cœur humain.

10. Aussi, la loi dispose-t-elle que, dans certaines occasions, il sera permis de modifier l'existence et la circonscription actuelle des communes.

Mais un pareil acte est toujours d'une haute importance; car si, d'un côté, la suppression d'une commune est, en quelque sorte, suivant l'heureuse expression de M. Mounier, une *sentence de mort civile* qui ne saurait être précédée de trop de précautions, d'un autre côté, le fractionnement d'une commune et la création d'une commune nouvelle, sont des faits qui portent une grave altération à un état de choses que le temps avait consacré. Le législateur ne pouvait, en conséquence, les environner de trop de garanties. Ces garanties se trouvent dans les mesures que nous allons exposer.

11. Lorsqu'il s'agit d'opérer la translation d'une commune, ou d'une partie du territoire d'une commune, dans un autre, l'administration supérieure doit se préoccuper toujours de trois intérêts distincts, savoir : 1° *du bien-être des habitants; 2° de la convenance des limites nouvelles; 3° du service administratif*. Chacun de ces points de vue va faire l'objet d'un chapitre particulier.

CHAPITRE II.

MESURES A PRENDRE DANS L'INTÉRÊT DU BIEN-ÊTRE DES HABITANTS.

12. *Prescriptions de la loi du 18 juillet 1837.*
13. *Enquête préalable. — Formalités à remplir.*
14. *Avis à donner par le commissaire enquêteur et par le maire.*
15. *Certificat de publications et d'affiches.*
16. *Procès-verbal de l'enquête. — Formule.*
18. *Délibération du conseil municipal assisté des plus imposés.*

18. *Certificat de convocation.*
19. *Formule de la délibération.*
20. *Section de commune. — Commission syndicale.*
21. *Avis à donner aux habitants de la section. — Publications et affiches.*
22. *Assemblée des électeurs sectionnaires pour la nomination d'une commission syndicale.*
23. *Procès-verbal de l'élection des membres de la commission syndicale.*
24. *Avis de la commission syndicale.*

12. Les art. 1 et 2 de la loi du 18 juill. 1837 sont ainsi conçus :

« Toutes les fois qu'il s'agira de réunir plusieurs communes en une seule, ou de distraire une section d'une commune, soit pour la réunir à une autre, soit pour l'ériger en commune séparée, *le préfet prescrira préalablement, dans les communes intéressées, une enquête, tant sur le projet en lui-même que sur ses conditions. — Les conseils municipaux, assistés des plus fort imposés, en nombre égal à celui de leurs membres, les conseils d'arrondissement et le conseil général donneront leur avis.* »

Reprenons en détail chacune de ces prescriptions.

13. *Enquête préalable.* Il est juste, en premier lieu, que rien ne se fasse, sans qu'on ait entendu les observations des habitants des communes *intéressées*. Par ces mots de *communes intéressées*, il faut évidemment entendre, non-seulement les communes qu'on propose de *supprimer* ou de *morceler en partie*, mais encore toutes celles dont il s'agit d'accroître le territoire par des adjonctions.

M. le Ministre de l'Intérieur, dans une circulaire du 30 avril 1838, recommande aux préfets de choisir, autant que possible, les juges de paix pour procéder aux enquêtes dont il s'agit ici.

14. Le commissaire enquêteur doit avertir le maire du jour où il se rendra dans sa commune pour procéder à l'enquête, et celui-ci s'empresse d'en donner avis, au moins huit jours à l'avance, par une affiche dont voici la formule :

COMMUNE DE , Arr[t] de , Dépar[t] de

ENQUÊTE DE COMMODOE ET INCOMMODO, sur le projet qui consiste à .

Les habitants de la commune sont prévenus que M. , juge de paix, nommé, par arrêté de M. le Préfet, en date du , à l'effet de procéder à une enquête, sur le projet qui consiste à *(spécifier exactement)*, se rendra, le dimanche *(date précise)*, dans la salle de la Mairie *(indiquer tout autre local, s'il y a lieu)*, et y restera depuis heures du matin, jusqu'à heures de l'après-midi, à l'effet de recueillir les observations qu'on aurait à présenter pour ou contre ce projet.

A le *le Maire,*

15. *Certificat de publication et affiches.* Le maire dresse ensuite, de la publication qui précède, un procès-verbal qui devra être joint aux autres pièces de l'instruction, et pour lequel on pourra, si l'on veut, adopter la formule suivante :

Nous, Maire de la commune d , certifions avoir fait publier et afficher, dans les lieux affectés à la publication des actes de l'autorité publique, depuis le jusqu'au , que le dimanche du présent mois, depuis heure de jusqu'à celle de , il serait procédé par M. , commissaire enquêteur, nommé, par arrêté de M. le Préfet, en date du , à une information de *commodo et incommodo* sur le projet qui consiste à *(spécifier).*

Qu'en conséquence, les personnes qui auraient des vœux à émettre pour ou contre ce projet, pourraient se présenter, ledit jour, , à M. le commissaire enquêteur chargé de recevoir leurs observations.

En mairie, à , le 18 . *Signature.*

16. *Procès-verbal de l'enquête de commodo et incommodo.* Au jour et à l'heure indiqués, le juge de paix chargé de l'enquête se rend dans le local désigné à cet effet. Il annonce à tous les habitants présents quel est l'objet de sa mission et les invite à lui présenter les observations qu'ils auraient à émettre pour ou contre le projet en question. Après cette invitation, il déclare son procès-verbal ouvert, et y consigne toutes les déclarations qui lui sont faites.

La loi n'énonce nulle part à quelles personnes est réservé le droit d'émettre son avis et de le faire consigner dans l'enquête ; mais on peut appliquer ici ce principe de droit civil que l'*intérêt est la mesure des actions*. Or, il est évident que pour avoir un intérêt dans un acte qui tend à altérer profondément la situation antérieure d'une commune, il n'est pas nécessaire d'y résider, et qu'il suffit d'y avoir des propriétés.

Ainsi, indépendamment de ceux qui habiteront la commune, on devra nécessairement admettre la déclaration de quiconque y payera une contribution directe; car, à titre de contribuable, cette personne participe aux charges de la commune, et ces charges peuvent être aggravées pour elle par suite de la modification projetée.

Voici une formule qui pourra servir à la rédaction du procès-verbal de l'enquête :

Cejourd'hui (*désigner l'heure*),

Nous, , en vertu de la délégation à nous conférée, par arrêté de M. le préfet, en date du , à l'effet de procéder dans la commune de , (*ou la section de*), à une enquête de *commodo et incommodo*, sur le projet qui consiste à (*spécifier exactement*).

Nous nous sommes transporté, conformément aux annonces de publication qui en avaient été faites préalablement, depuis le jusqu'au , dans (*désigner le local*), où nous avons déclaré aux personnes présentes que notre procès-verbal était ouvert.

1° Est comparu le sieur (*nom, prénoms, âge, domicile*), lequel a déclaré qu'il (*s'opposait ou consentait*) au projet sus-énoncé, par les motifs suivants : (*suit l'exposé des raisons données pour ou contre*), et a signé (*ou a déclaré ne savoir signer*), après lecture.

2° Est comparu le sieur (*mêmes énonciations*).

3° Etc., etc.

L'heure annoncée pour la fin de notre enquête ayant sonné, sans qu'aucun autre habitant de la commune (*ou section*) se soit présenté, nous avons clos et signé le présent procès-verbal.

Fait à , le (*indiquer l'heure*).

Signature.

En marge du procès-verbal, et en face de chaque déclaration, le commissaire enquêteur fera bien d'indiquer par la lettre P (*pour*) les avis émis en faveur du projet, et par la lettre C (*contre*) les avis contraires.

L'avis du commissaire enquêteur, qui doit être joint à son procès-verbal, peut être formulé sous forme de rapport adressé au magistrat délégateur, ou de simple opinion émise à la suite du procès-verbal d'enquête.

17. *Avis du conseil municipal assisté des plus imposés.* Dès l'instant que les conseils municipaux sont les organes légaux et nécessaires des communes qu'ils représentent, il est évident que leur avis est l'un des premiers éléments d'une instruction qui touche, soit à l'existence, soit à une modification importante du territoire de ces communes.

D'un autre côté, la loi exige avec raison l'adjonction des plus imposés, *en nombre égal à celui des membres du conseil municipal*, afin que les intérêts de la propriété soient représentés et défendus. Lorsque cette dernière disposition fut mise en discussion à la Chambre des députés, MM. Félix Réal et Dufaure demandèrent que l'adjonction des plus imposés ne fût pas admise, attendu qu'il ne s'agissait pas, comme dans le cas prévu par la loi de finances de 1818, d'imposer extraordinairement une commune. Mais M. Gillon fit observer que c'était précisément d'impôt qu'il s'agissait ici, et qu'il fallait, dès lors, adopter l'adjonction des plus imposés. « Comment donc, ajouta cet orateur, la garantie que nos lois exigent pour un impôt passager, accidentel, ne serait-elle pas exigée pour la création d'un *être* appelé commune qui, chaque année, à perpétuité, sera forcé de faire des dépenses qu'il n'avait pas connues jusqu'à présent?... La question se réduit à ces termes : la perpétuité est-elle moins importante que le fait passager? Les garanties que la sagesse exige pour la dépense d'une seule année seront-elles abandonnées pour la dépense qui sera éternelle? » D'après ces considérations, la proposition de MM. Félix Réal et Dufaure ne fut pas accueillie.

La loi ne prescrit nulle part que les plus fort imposés, appelés à délibérer avec le conseil municipal sur la circonscription projetée, soient domiciliés dans la commune. Dans cette circonstance, les plus fort imposés ne tiennent pas leur droit de leur domicile, mais bien de la quotité de leurs contributions.

18. Les plus imposés doivent donc être convoqués, en même temps que les membres du conseil municipal, à la délibération qu'il s'agit de prendre. Le maire constate cette convocation par un certificat conçu en ces termes :

Nous, maire de la commune de , soussigné, certifions que les plus imposés au rôle des contributions directes, en nombre égal à celui des conseillers municipaux en exercice, ont été, par nous, individuellement convoqués, dans les délais fixés par l'art. 42 de la loi du 18 juillet 1837, *(10 jours au moins avant celui de la réunion)*, à la délibération qu'il s'agit de prendre sur le projet qui consiste à *(indiquer ici le but de la réunion)*.

En mairie, à , le

Le Maire,

19. *Formule de la délibération du conseil municipal, assisté des plus imposés.*

Extrait du registre des délibérations du conseil municipal de la commune de

Séance extraordinaire du

L'an mil , le du mois de , heure de , le conseil municipal de , ayant été convoqué avec les plus fort imposés de la commune, en nombre égal à celui de ses membres, en vertu de la lettre de M. le Préfet, en date du , qui fixait la réunion à ce jour, pour délibérer sur le projet qui consiste à (*exposer ici l'objet dont il s'agit*), les membres du conseil municipal et les propriétaires les plus fort imposés ci-après nommés se sont réunis dans , à l'heure indiquée sur les lettres de convocation portées à domicile, huit jours d'avance.

MEMBRES DU CONSEIL MUNICIPAL : MM.

PLUS FORT IMPOSÉS : MM.

Lesquels membres présents forment ensemble la double majorité des membres du conseil en exercice.

Il a été, en conformité de l'art. 20 de la loi du 5 mai 1855, procédé immédiatement à l'élection d'un secrétaire pris dans le sein du conseil. M. , ayant obtenu la majorité des suffrages, a été désigné pour remplir ces fonctions qu'il a acceptées.

M. le président ayant ouvert la séance, a déclaré que l'administration supérieure demandait l'avis du conseil sur le point de savoir s'il y avait lieu de (*réunir la commune de à celle de , ou bien à distraire la section de de la commune de , pour la réunir à la commune de , etc.*); en conséquence, M. le président a invité le conseil municipal et les plus fort imposés qui se sont joints à lui, à délibérer sur ce projet.

Sur quoi, après avoir délibéré, et les voix ayant été recueillies ;

Considérant (*exposer ici, en résumé, les motifs pour ou contre la mesure proposée*);

Le Conseil a décidé (*à l'unanimité ou à la majorité de*) , qu'il y avait lieu d'émettre un avis (*favorable ou contraire*) sur le projet qui venait de lui être soumis.

Aucun autre objet n'étant à l'ordre du jour, le présent procès-verbal a été clos ; les membres présents ont signé, et M. le Président a levé la séance.

(*Suivent les signatures.*)

20. *Sections de communes. — Commissions syndicales.* « Si le projet concerne une *section de commune*, il sera créé une *commission syndicale*. Un arrêté du préfet déterminera le nombre des membres de la commission. — Ils seront élus par les électeurs municipaux domiciliés dans la section ; et si le nombre des électeurs n'est pas double de celui des membres à élire, la commission sera composée des plus imposés de la section. — La commission nommera son président; elle sera chargée de donner avis sur le projet. » (L. 18 juillet 1837, art. 3.)

Que doit-on entendre par ces mots : *Section de commune ?* Ces mots signifient en général toute agglomération d'habitants qui , sous quelques rapports, a des intérêts distincts de ceux des autres habitants de la communauté. Il suit de là qu'une section peut se subdiviser elle-même en d'autres sections. Ainsi, bien que deux villages possèdent, en commun et par indivis, des biens communaux à eux exclusivement propres, et que, sous ce rapport, ils doivent être considérés, vis-à-vis de la commune, comme une seule section, si chacun d'eux a, en outre, des intérêts spéciaux pour un objet quelconque, chacun d'eux formera, pour cet objet spécial, une nouvelle section essentiellement distincte de la première.

Ainsi, les *sections de communes* sont, à l'instar des communes elles-mêmes, des *personnes morales*, ayant des droits spéciaux et des biens particuliers qui leur appartiennent exclusivement.

Mais ce n'est pas à ce point de vue restreint qu'il faut interpréter ici le mot de *Section*. Ce mot, dans l'art. 3 de la loi du 18 juill. 1837, ne peut avoir d'autre signification que celle d'une fraction quelconque d'une commune ; pourvu, toutefois, qu'elle soit assez peuplée pour qu'on puisse y trouver les éléments d'une *commission syndicale*, ou, en d'autres termes, d'un certain nombre d'habitants dont on puisse interroger les vœux au sujet de la distraction projetée.

Cela posé, lorsqu'un projet de nouvelle circonscription concerne une *section de commune*, il est de toute évidence que ses intérêts doivent être représentés et défendus. La loi veut, en conséquence, que *les électeurs municipaux domiciliés dans la section* puissent élire une commission syndicale qui soit chargée d'être leur organe. Par suite, si plusieurs sections de la même commune sont intéressées dans le projet, chacune d'elles doit être appelée à nommer une commission syndicale distincte.

21. *Avis à donner aux habitants de la section.* Les habitants de la section qu'il s'agit de distraire devront donc être prévenus de ce projet, et invités à choisir entre eux les membres de la commission syndicale qui aura mission de formuler un avis à ce sujet, au nom de la section.

Le maire, dans cette circonstance, pourra employer la formule suivante :

MAIRIE DE , ARRONDISSEMENT DE , DÉPARTEMENT DE . Les habitants de la section de sont prévenus, par le présent avis, qu'en vertu d'un arrêté de M. le Préfet, en date du , ils sont invités à se réunir le , sous notre présidence, dans *(désigner le local)*, à l'effet d'élire cinq *(ou trois)* d'entre eux qui devront former une commission syndicale, chargée de donner son avis, par une délibération spéciale, sur le projet qui consiste à *(spécifier ici la nature de ce projet)*.

Fait en mairie, à , le .

Le Maire,

Cet avis devra être publié et affiché dans la section, et le certificat de ces publication et affiches devra être dressé par le maire dans une forme équivalente à celle-ci :

Nous, maire de la commune de , certifions que, par un avis, en date du , publié et affiché aux lieux accoutumés, les électeurs de la section de ont été avertis qu'ils auraient à se réunir le , sous notre présidence, à l'effet d'élire cinq (*ou trois*) d'entre eux *(le reste comme ci-dessus)*.

22. *Assemblée des électeurs sectionnaires pour la nomination d'une commission syndicale.*

Le modèle de procès-verbal ci-après indique toutes les formalités à remplir dans une telle circonstance.

23. *Procès-verbal de l'élection des membres de la commission syndicale.*

Cejourd'hui, , Nous, maire (*ou adjoint*) de la commune de , nous étant rendu dans le local désigné pour la tenue de l'assemblée des électeurs communaux de la section, dite de , nous avons fait préalablement afficher dans la salle la liste des électeurs de la section, et déposer sur le bureau un exemplaire de la même liste, et un registre destiné à l'inscription des noms des votants.

électeurs étant présents, nous avons déclaré la séance ouverte, et appelé au bureau, pour remplir les fonctions de scrutateurs, MM. comme étant les deux plus âgés, et les deux plus jeunes des électeurs présents. Il a ensuite été procédé, par les scrutateurs et par nous, à la nomination de M. , pour remplir les fonctions de secrétaire.

Ce dernier, ayant pris place au bureau en cette qualité, a ouvert le procès-verbal.

Nous avons alors fait connaître aux électeurs qu'ils étaient convoqués aux termes d'un arrêté de M. le préfet, en date du , pour élire cinq (*ou trois*) d'entre eux, qui devront former une commission syndicale, laquelle devra donner son avis, par une délibération spéciale, sur le projet qui consiste à (*spécifier ici la nature de ce projet*).

Nous avons ensuite fait procéder à l'appel et au réappel des électeurs, et fait constater, sur la liste d'inscription, la réception des votes au fur et à mesure que les bulletins, fermés par nous, ont été déposés dans la boîte destinée à les recevoir.

L'appel et le réappel étant terminés, le bureau a reçu les votes de ceux qui n'avaient pas répondu aux deux appels.

A heures du matin, le scrutin étant resté ouvert pendant plus de trois heures, nous avons reconnu, d'après la liste d'inscription des votants, que électeurs avaient déposé leur vote. La boîte ayant été ouverte, nous avons compté les bulletins, et reconnu qu'ils étaient en nombre égal à celui des électeurs votants.

Nous avons annoncé que, d'après ce chiffre, la majorité absolue était de .

Le dépouillement du scrutin a donné les résultats suivants :

M. voix.

M. voix, etc.

MM. , ayant obtenu la majorité absolue, ont été proclamés membres de la commission syndicale.

Second scrutin (*s'il y a lieu*).
Majorité relative.

Par continuation de ce jour , à heures de relevée, nous avons déclaré la séance ouverte pour le deuxième tour de scrutin.

(*Comme au précédent*).

D'après le dépouillement, il a été reconnu que :

M. a obtenu voix.

M. — voix, etc.

M. (*ou MM.*) ayant obtenu la majorité relative, a été (*ou ont été*) proclamé (*ou proclamés*) membre (*ou membres*) de la commission syndicale.

Nous avons ensuite donné lecture du présent procès-verbal et déclaré la séance levée.

Fait à, etc., ce

(*Le maire ou adjoint.*)

Mais la distraction projetée peut porter sur une portion de territoire tellement restreinte, qu'elle ne renferme pas un nombre d'électeurs suffisant pour qu'il y ait réellement élection, ni un nombre d'habitants assez fort pour fournir de nouveaux électeurs. Dans ce cas, le principe électif doit fléchir, puisque son application devient impossible. Le § 2 de l'art. 3 de la loi du 18 juillet 1837 porte, en conséquence : « Si le nombre des électeurs n'est pas double de celui des membres à élire, *la commission syndicale sera composée des plus imposés de la section.* »

24. *Avis de la commission syndicale.* « La commission syndicale nommera son président. Elle sera chargée de donner son avis sur le projet. » (L. 18 juillet 1837, art. 3, § 3.)

Cet avis pourra être formulé ainsi qu'il suit :

Cejourd'hui ,

La commission syndicale, élue par les électeurs municipaux de la section de , en conformité de l'arrêté de M. le préfet de , en date du , composée de MM.

Réunie aux fins de délibérer sur , a ouvert sa séance sous la présidence de M. , nommé conformément à l'arrêté susmentionné.

M. , secrétaire, a donné lecture de ,

Ouï successivement chacun des membres de la commission dans ses observations détaillées ;

Ladite commission syndicale, après avoir mûrement délibéré sur le tout, a cru devoir formuler son avis de la manière suivante :

Attendu que (*motifs d'adhésion ou d'opposition*) ;

Par ces motifs et autres à suppléer, la commission syndicale est unanimement d'avis d'adopter (*ou de rejeter*) le projet qui consiste à et de supplier les conseils d'arrondissement et général d'émettre également un avis favorable (*ou défavorable*) au projet dont il s'agit.

Fait et délibéré à

Le Président, *Les Membres,* *Le Secrétaire,*

CHAPITRE III.

MESURES A PRENDRE DANS L'INTÉRÊT D'UNE BONNE DÉLIMITATION.

25. *Ensemble des mesures prescrites.*

26. *Avis du géomètre en chef du cadastre. — Avis du directeur des contributions.*

27. *Plans qui doivent accompagner les projets.*
28. *Indications qui doivent se trouver dans ces plans.*
26. *Nombre à fournir des expéditions de ces plans.*

25. L'administration de l'intérieur, afin d'assurer, le mieux qu'il est possible, la bonne délimitation des communes, a prescrit, par diverses circulaires, l'observation des règles suivantes.

Toute proposition relative à des distractions ou des réunions de communes ou de sections, doit être accompagnée :

1° *De l'avis du géomètre en chef du cadastre ;*

2° *De l'avis du directeur des contributions directes;*

3° Du *plan des lieux*, en *double*, *triple* ou *quadruple expédition*, suivant ce qui sera dit ci-après.

26. *Avis du géomètre en chef du cadastre. — Avis du directeur des contributions directes.* Dans tous les cas de changements de circonscriptions territoriales qui doivent se résoudre, d'après les règles exposées ci-après, n°s 40 et 41, en une loi ou en un décret, on exige, outre toutes les pièces indiquées ci-dessus, *l'avis du géomètre en chef du cadastre et celui du directeur des contributions directes.* Il est bien entendu que ce dernier avis suffit, lorsque, dans le département, il n'y a plus de géomètre en chef du cadastre.

27. *Plans qui doivent accompagner les projets.* Quelle que soit la nature du projet; qu'il s'agisse de réunions, de formations de communes, ou de simples distractions de sections, on devra joindre, aux autres pièces de l'instruction, les plans des communes ou des sections intéressées.

28. Une circulaire du Ministre de l'intérieur, en date du 1er oct. 1839 et qui n'a point été modifiée depuis, contient, sur la confection de ces plans, les prescriptions suivantes :

1° Lorsqu'il s'agit de réunir deux ou plusieurs communes, il faut que le plan présente l'ensemble des territoires de ces communes, sans aucun détail de parcelles, mais avec l'indication des principales masses d'habitations, afin de permettre d'apprécier la plus ou moins grande facilité des relations qu'auront entre elles ces différentes masses; il sera bien de tracer les principaux chemins, ainsi que les cours d'eau, ravins ou autres obstacles, s'il en existe. Ces plans devront être tracés sur l'échelle de 1 à 50,000 ;

2° Lorsqu'il s'agit de diviser une commune pour en former deux ou plusieurs communes, il est nécessaire que les plans soient établis sur une échelle plus forte, afin que les limites à fixer entre les nouvelles communes puissent être indiquées avec plus de précision. Les plans devront être rédigés à l'échelle de 1 à 20,000, et on aura soin d'y tracer les indications prescrites au n° 1 ci-dessus ;

3° Si une commune actuellement existante doit être fractionnée entre plusieurs communes voisines, le plan sera établi à l'échelle de 1 à 20,000, et il devra présenter le périmètre entier des communes intéressées, ainsi que tous les détails propres à faire apprécier les avantages ou les inconvénients qui peuvent résulter de l'association des portions du territoire fractionné aux communes voisines ;

4° Pour que l'on puisse apprécier l'ensemble des combinaisons proposées, les plans relatifs à toutes ces opérations devront être lavés en teintes plates, en ayant soin de donner la même teinte à toutes les portions qui composent le territoire actuel d'une commune, et d'indiquer, par des lisérés de couleur différente, la limite existante et celle que l'on propose d'y substituer ;

5° Il est indispensable, dans tous les cas, que les plans portent l'échelle sur laquelle ils ont été tracés, afin de permettre d'apprécier les distances ; il faut qu'ils contiennent, en marge, les légendes nécessaires pour les rattacher au projet qu'ils concernent, et qu'ils soient orientés par une flèche. Ils doivent enfin être certifiés par le géomètre qui les a établis, et approuvés par le préfet. Si le projet de circonscription concerne deux départements, les préfets doivent se concerter entre eux pour que les plans qu'ils présentent aient une parfaite conformité, quant à leur rédaction.

29. Les plans doivent être envoyés :

En *quadruple* expédition, lorsqu'ils se rattachent à un changement de circonscription entre deux départements, qui est de nature à exiger le concours du pouvoir législatif ;

En *triple* expédition, lorsque le projet, bien que concernant deux départements, n'a pour objet que de régler une simple contestation de limites, cas prévu par l'art. 3 de l'ord. roy. du 3 oct. 1821, et dans lequel il peut être statué par un décret ;

En *triple* expédition pour les projets qui concernent deux

ou plusieurs communes du même département, mais qui exigent le concours du pouvoir législatif ;

En *double* expédition pour tous les autres cas.

CHAPITRE IV.

MESURES A PRENDRE DANS L'INTÉRÊT DU SERVICE ADMINISTRATIF.

30. *Ensemble des documents à fournir.*

31. *Tableau de renseignements statistiques. Quelles indications il doit contenir.*

32. *Modèle d'un tableau pour des réunions de communes.*

33. *Modèle d'un tableau pour des formations de communes.*

34. *Avis du conseil d'arrondissement.*

35. *Modèle de cet avis.*

36. *Avis du conseil général.*

37. *Modèle de cet avis.*

38. *Envoi du dossier au Ministre de l'Intérieur.*

39. *Admission de compensation toutes les fois qu'elles sont possibles.*

30. En troisième lieu, dans l'intérêt du service administratif, toute proposition relative à des réunions ou des distractions de communes, doit être accompagnée :

1° D'un *tableau de renseignements statistiques ;*

2° De l'*avis du conseil d'arrondissement ;*

3° De *celui du conseil général ;*

31. Le *tableau des renseignements statistiques* doit indiquer :

1° *L'étendue*, la *population*, les *revenus*, les *dépenses ordinaires* des communes qu'il s'agit de réunir ; 2° les renseignements relatifs aux *biens et droits communaux*, aux *édifices servant à usage public ;* 3° Le *revenu communal* que produisent en centimes additionnels les diverses sections qu'il s'agit de distraire ou d'ériger en communes distinctes.

32. *Modèle d'un tableau de renseignements statistiques pour les réunions de communes.*

Noms des communes.	Étendue du territoire.	Population.	Revenus ordinaires en centimes addition.	Revenus ordinaires en produits divers.	Dépenses ordinaires.	Biens communaux servant à usages publics.	Observations
			État actuel des communes.				
	h c		f c	f c	f c		
Saint-Valery.	717,30	200	137,50	21,47	277,50	Une église, un presbytère.	Les communes n'ont aucun droit de parcours à exercer réciproquement sur leurs territoires.
Juvigny.	1,000,20	240	160,15	152,00	340,00	Une mairie, une maison d'école.	
			État après la réunion.				
Nom à donner. Saint-Valery de Juvigny.	1,717,50	440	297,65	173,47	Établir la dépense présumable		

Certifié par le Préfet.

33. *Modèle d'un tableau de renseignements statistiques pour les formations de communes.*

Communes.	Étendue du territoire.	Population.	Revenus ordinaires en centimes addition.	Revenus ordinaires en produits divers.	Dépenses ordinaires.	Biens communaux, édifices servant à usages publics.	Observations.
			État actuel des communes.				
	h c		f. c.	f. c.	f. c.		
Grosbois	1,800,50	1200	1000 »	50 »	800 »	Une mairie et une église.	
			État après leur formation.				
Grosbois.	1,000,50	700	650 »	50 »	Établir la dépense présumée pour chacune des communes.	Une mairie.	
Neuville.	800	500	350 »	Néant.		Une église.	

Certifié par le Préfet.

34. *Avis du conseil d'arrondissement.* Les conseils d'arrondissement, tels qu'ils sont institués par la loi du 22 juin 1833, offrent à tous égards le caractère d'une assemblée représentative des intérêts locaux. Leur avis, à ce titre, méritait d'être pris en sérieuse considération. La loi veut, en conséquence que ces avis soient l'un des éléments de toute instruction relative à des réunions, à des divisions ou à des formations de communes.

L'avis du conseil d'arrondissement doit toujours précéder celui du conseil général, afin que ce dernier conseil puisse toujours le viser dans celui qu'il a lui-même à émettre; mais il doit nécessairement venir après les avis et délibérations énumérés dans les n^os^ précédents. On pourra le formuler ainsi qu'il suit :

35. *Extrait des registres des délibérations du conseil d'arrondissement de*

L'an mil-huit cent , le , à , le conseil d'arrondissement de , réuni en session ordinaire (*ou extraordinaire*), dans la salle de ses séances, en vertu du décret impérial du qui ordonne (*ou autorise*) sa convocation ;

Etaient présents MM. . M. le Préfet (*ou M. le sous-préfet*) invite le conseil à donner son avis sur le projet qui consiste à (*énoncer ici avec détail en quoi consiste le projet*).

Ouï les explications et développements donnés au conseil sur ce projet ;

Vu le procès-verbal de l'enquête à laquelle il a été procédé (*ou les procès-verbaux de toutes les enquêtes auxquelles il a été procédé dans les communes de et de*) par les soins de M. (*ou de MM.*) ;

Vu l'avis (*ou les avis*) de la commission syndicale de la section de (*ou des sections de et de*) ;

Vu la délibération (*ou les délibérations*) prise (*ou prises*) par le conseil municipal (*ou les conseils municipaux*) de la commune de (*ou des communes de et de*), assisté (*ou assistés*) des plus fort imposés;

Vu toutes les autres pièces relatives à cette affaire ;

Considérant que (*motifs d'adhésion ou d'opposition*),

Délibère : il y a lieu (*ou il n'y a pas lieu*) d'approuver le projet qui consiste à, etc.

36. *Avis du conseil général.* L'importance de l'avis du conseil général est si grande, aux yeux de l'administration supérieure, que cet avis, ainsi que nous le verrons, *infrà*,

n° 41, peut suffire à lui tout seul pour contrebalancer les avis contraires des conseils municipaux des communes intéressées, lorsque ces communes ont moins de 300 habitants. Le conseil général est, en effet, dans chaque département, l'expression la plus haute des intérêts locaux de la fraction du territoire qu'il représente. Vivant assez près des populations, pour n'ignorer aucun de leurs besoins réels, et cependant placé au-dessus d'elles assez haut pour ne pas se laisser dominer par les mesquines passions qui les emportent quelquefois, le conseil général, par l'avis qu'il émet sur les projets de circonscriptions communales, doit nécessairement exercer une puissante influence sur les déterminations dont elles sont l'objet.

37. Aucune forme n'est prescrite pour la délibération qu'il doit prendre à ce sujet ; mais on pourra, si l'on veut, la rédiger d'après la formule ci-après :

Extrait du registre des délibérations du Conseil général de

Session ordinaire (ou extraordinaire) séance du .

Le Conseil général,

Vu la demande présentée à M. le Préfet, le , par , habitant de la section de , tendant à ce que cette section soit séparée de la commune de et érigée en commune distincte;

Vu le procès-verbal de l'enquête faite par M. , juge de paix à , sur ce projet de distraction, et de laquelle il résulte que habitants de la section de ont fait des déclarations favorables à ce projet ; mais que habitants des autres parties de la commune s'y sont au contraire opposés ;

Vu les motifs allégués de part et d'autre et consignés dans le procès-verbal d'enquête ;

Vu l'avis de la commission syndicale de la section de ;

Vu le tableau des renseignements statistiques de la commune de et du territoire de la section de qu'il s'agit d'en distraire ;

Vu le plan cadastral de la commune et de la section ;

Vu l'avis de M. le directeur des contributions directes, en date du ;

Vu l'avis émis, le , par le conseil d'arrondissement de , avis contenant adhésion (*ou opposition*) au projet ;

Vu l'avis de M. le sous-préfet de , en date du , également favorable (*ou contraire*) à la réunion (*ou distraction*) dont il s'agit ;

Considérant que la section de présente une population agglomérée de habitants ; que l'étendue de son territoire est de hectares ; que le revenu annuel de cette portion de la commune s'élève à la somme de ; qu'elle possède déjà (*une maison d'école, une église*, etc., etc.) ; qu'elle réunit ainsi toutes les conditions d'une existence et d'une administration municipales distinctes (*ou bien tout cela en sens opposé*) ;

Considérant (*autres motifs pour ou contre*) ;

Par tous ces motifs, le conseil général est d'avis que la section de soit séparée de la commune de pour être érigée en commune distincte (*ou bien que la section ne soit pas, etc.*).

38. *Envoi du dossier au Ministre de l'intérieur.* Toutes les pièces et tous les documents qui viennent d'être énumérés sont ensuite adressés, par le préfet, avec son avis personnel, au Ministre de l'intérieur, afin que ce Ministre puisse les transmettre, aussi avec son avis, au Conseil d'Etat chargé de préparer la loi ou le décret qui doit définitivement statuer sur le projet.

39. Dans les délibérations qui ont lieu sur ce grave sujet, le Gouvernement ne se détermine jamais que par les motifs d'ordre public dont toutes les formalités exposées ci-dessus ont précisément pour but de lui fournir les bases.

Il importe, en conséquence, que l'autorité municipale remplisse avec la plus scrupuleuse exactitude les diverses formalités que la loi lui impose, car les documents recueillis et transmis par elle sont les premiers éléments de l'instruction confiée aux soins de l'administration supérieure.

CHAPITRE V.

A QUEL POUVOIR APPARTIENT-IL DE STATUER SUR LES RÉUNIONS OU DISTRACTIONS DE COMMUNES.

40. *Une loi est nécessaire lorsqu'il s'agit de modifier la circonscription d'un département, d'un arrondissement ou d'un canton.*
41. *Cas où un décret suffit.*
42. *Résumé des règles à suivre dans tous les cas qui peuvent se présenter.*
43. *Décisions du Gouvernement. — Motifs. — Distinctions.*
44. *Ressources de la commune. — Finances. — Population.*
45. *Position de la commune vis-à-vis des communes voisines.*

40. L'assemblée constituante, par son instruction géné-

rale des 12-20 août 1790, avait établi en principe qu'aucun changement ne pourrait être fait à la circonscription territoriale de la France, autrement que par une loi. Aujourd'hui, aux termes de l'art. 4, § 1, de la loi du 18 juill. 1837, l'intervention du pouvoir législatif n'est nécessaire que lorsqu'il s'agit de modifier le périmètre d'un *département*, d'un *arrondissement* ou d'un *canton*. Ces mesures, par leur importance, rentraient, en effet, naturellement dans le domaine de la loi, puisqu'elles ont pour effet de changer des circonscriptions administratives, judiciaires, financières, électorales, ce qui porte inévitablement une grande perturbation dans une foule d'intérêts et d'habitudes.

41. « Toutes autres réunions et distractions de communes pourront être prononcées par *décrets, en cas de consentement des conseils municipaux, délibérant avec les plus fort imposés*, conformément à l'art. 2 ; et, *à défaut de ce consentement, pour les communes qui n'ont pas* 300 *habitants, sur l'avis affirmatif du conseil général du département.* » (L. 18 juill. 1837, art. 4, § 2.)

Le motif de cette dernière disposition a été que, lorsqu'une commune a moins de 300 habitants, il y a présomption légale qu'elle ne peut suffire à son administration intérieure, et satisfaire en même temps aux obligations que l'administration générale impose à l'autorité municipale. L'avis du conseil général doit donc suffire, dans ce cas, pour éclairer l'autorité supérieure sur la nécessité de la suppression de cette commune.

42. Aux termes des dispositions qui précèdent, on peut résumer et classer ainsi les divers cas qui nécessitent, soit l'intervention du législateur, soit celle du pouvoir exécutif, dans les projets de réunions ou de distractions de communes et de sections.

Sont du domaine exclusif de LA LOI :

1° Les réunions de communes au-dessus de 300 habitants, *lorsque les conseils municipaux n'y consentent pas ;*

2° Les distractions de sections appartenant à des communes de plus de 300 habitants, *lorsque les conseils municipaux n'y consentent pas;*

3° La distraction d'une portion qui, sans porter le nom de section, serait considérable par rapport à l'étendue de la commune, *toujours lorsqu'elle se compose de plus de* 300 *habitants, et que le conseil municipal n'y consent pas.*

Un DÉCRET *suffit pour ordonner :*

1° Les suppressions ou réunions de communes *ayant moins de 300 habitants, lorsque le conseil général a donné un avis approbatif ;*

2° Toute suppression ou réunion de communes, *quelle qu'en soit la population, lorsque les conseils municipaux, délibérant avec les plus fort imposés, y auront consenti.*

43. Du reste, en ce qui concerne les causes qui peuvent faire prononcer des réunions ou des distractions de communes, on ne saurait indiquer ici des règles absolues. Le Gouvernement est investi, à cet égard, d'une latitude souveraine d'appréciation. Il base, en général, les décisions qu'il lui appartient de prendre ou de proposer au Corps législatif, à ce sujet, sur deux éléments principaux qui sont, d'une part, les *ressources de la commune*, et de l'autre *sa position vis-à-vis des communes voisines.*

44. *Ressources de la commune. — Finances.* Il est facile de s'assurer si les ressources de la commune sont suffisantes en matière financière ; car les établissements ou services publics qu'elle doit entretenir, en d'autres termes, ses dépenses obligatoires, sont déterminés par des dispositions précises.

Population. Cette étude est moins facile quant à la population, car aucune loi n'en a déterminé le *minimum.* La jurisprudence de l'administration a cependant, en quelque sorte, consacré comme une règle générale, que lorsqu'une commune, possédant d'ailleurs des revenus suffisants, a une population de 300 habitants, « elle peut sans inconvénient » conserver son individualité, et qu'il n'y a pas lieu d'en » prononcer, malgré son conseil municipal, la réunion à » une autre commune. » (Av. com. int., 31 mai 1833.)

45. *Position de la commune vis-à-vis des communes voisines.* Les circonstances dans lesquelles se trouve la commune, sous ce rapport, peuvent être telles que, malgré la faiblesse de sa population ou de ses revenus, il soit encore préférable, soit pour elle-même, soit pour l'intérêt public, de lui conserver son individualité. — Ces circonstances peuvent être de plusieurs sortes : — Ainsi, par exemple, dans les cantons ruraux où une population peu considérable est disséminée sur un vaste territoire, on ne saurait diminuer le nombre des communes, sans porter préjudice aux intérêts

de l'agriculture; car la population, qui tend toujours à se rapprocher des centres d'administration, laisserait bientôt incultes les campagnes qui en seraient trop éloignées. (Com. int., 31 mai 1833.)—Tel est encore le cas où une commune serait trop éloignée de toutes les communes voisines, ou bien où les moyens de communication seraient trop difficiles, pour que sa réunion à l'une d'elles ne fût pas un obstacle à la bonne administration et à la surveillance de l'autorité municipale. (Avis du Com. de l'int., 8 mai 1833.)

TITRE III.

DES EFFETS DES CHANGEMENTS DE CIRCONSCRIPTIONS COMMUNALES.

46. *Il ne dépend d'aucun pouvoir de porter atteinte aux droits de propriété appartenant aux communes ou sections dont la circonscription administrative est modifiée.*
47. *Garanties données à ces droits. — Division du sujet.*

46. Lorsque, dans les changements de limites que les communes peuvent subir, il ne s'agira que de modifications apportées à la circonscription d'une partie du territoire de l'empire, dans un intérêt purement administratif, financier, religieux ou militaire, il est évident que le droit de les ordonner doit appartenir au pouvoir auquel la loi confie l'établissement et la direction de tous les services publics, suivant le mode qui lui paraît le mieux convenir à leur action. Mais là s'arrête le droit du gouvernement, car les communes, ainsi que nous l'avons vu, *suprà*, n° 9, ne sont pas de simples découpures de la carte de France qu'on peut intercaler dans telle ou telle division territoriale, suivant les exigences de tel ou tel service. Ce sont encore et surtout des personnes civiles, des êtres moraux d'une nature toute spéciale, capables de posséder des biens de plusieurs sortes qui, la plupart du temps et par la nature même des choses, sont situés dans l'enceinte de leurs limites respectives. Lorsque ces limites seront changées par l'une de ces mesures dont le Gouvernement apprécie l'opportunité, et dont nous avons,

dans les chapitres précédents, indiqué les divers modes, ces biens, ces intérêts qui sont la légitime propriété des communes, pourront-ils en subir la moindre atteinte? Non, sans doute. Il y a des choses qui sont au-dessus du pouvoir souverain. Ce sont les *droits de propriété*. La constitution de 1852, comme les chartes précédentes, les proclame inviolables, et cette inviolabilité s'applique aussi bien aux communes, agrégations de citoyens, qu'aux citoyens considérés isolément les uns des autres. Tel est le principe qui domine toute la matière des réunions et des divisions de communes.

47. Sous la réserve des droits invariables que nous venons de reconnaître, nous allons examiner quels devront être, d'après la loi, les effets des changements de circonscriptions communales.

Ces effets doivent être étudiés à un triple point de vue : 1° quant à la représentation communale, c'est-à-dire *au conseil municipal ; 2° quant aux biens dont les habitants avaient la jouissance exclusive ; 3° quant aux édifices et aux autres immeubles qui sont affectés à un service public.* Chacun de ces intérêts va faire l'objet d'un chapitre particulier.

CHAPITRE I.

EFFETS DES DIVISIONS ET RÉUNIONS DE COMMUNES, QUANT A LEURS CONSEILS MUNICIPAUX.

48. *Motifs pour lesquels l'ancien conseil municipal ne peut représenter la nouvelle commune.*
49. *Les conseils municipaux doivent être dissous, même dans le cas de simple fractionnement.*

48. Dès qu'une commune a été sensiblement fractionnée, son existence est modifiée, l'ancienne commune n'existe plus. L'ancien conseil municipal ne peut donc plus représenter la nouvelle commune. Ce principe est consacré par l'art. 8 de la loi du 18 juill. 1837, ainsi conçu : « *Dans tous les cas de réunion ou de fractionnement de communes*, les

conseils municipaux seront dissous. Il sera procédé immédiatement à des élections nouvelles. »

Quelques doutes se sont élevés sur l'interprétation de cet article. Il ne peut, a-t-on dit, y avoir aucune incertitude sur la nécessité de la dissolution, en ce qui concerne le conseil municipal de la commune la plus faible, de celle qui est absorbée par une autre plus considérable, laquelle conserve son individualité. — Mais doit-il en être de même de cette dernière? Son conseil municipal est-il également dissous en vertu de l'art. 8? — Cette question ne peut être résolue qu'affirmativement. Il importe peu que l'une des deux communes soit plus forte que celle qui lui est adjointe. Tous les éléments de l'existence de cette commune, sa circonscription, sa population, ses revenus, etc., n'en sont pas moins modifiés. L'ancienne commune n'existe plus, elle a fait place à une individualité communale nouvelle. Il faut donc que celle-ci soit représentée par un nouveau conseil municipal.

49. Mais ces principes devront-ils encore recevoir leur application, lorsqu'au lieu d'une commune tout entière qui se réunit à une autre commune, il ne s'agit que du démembrement d'une très-petite fraction de territoire n'apportant qu'une modification très-peu importante à la commune qui l'aura subi, comme à celle qui en aura profité? Dissoudra-t-on alors les conseils municipaux des deux communes pour un si mince intérêt? Devra-t-on jeter des communes dans les embarras du renouvellement de leurs conseils municipaux, pour une modification de quelques arpents de terre, lorsque la commune n'en éprouvera aucun surcroît ou aucune diminution de population capable de changer le nombre de ses conseillers municipaux?

Le doute sur cette nouvelle question n'est pas plus permis que sur la première. L'art. 8 de la loi est formel. Il ne fait pas de distinction. Il veut que les conseils municipaux soient dissous, *même dans le cas de simple fractionnement*. De cette modification ont surgi des intérêts nouveaux. L'élément électoral est changé. L'ancien conseil municipal n'en est donc plus une représentation sincère. Il faut donc qu'il subisse l'épreuve d'un renouvellement intégral.

CHAPITRE II.

EFFETS DES RÉUNIONS ET DES DIVISIONS DE COMMUNES, QUANT AUX BIENS DONT LES HABITANTS AVAIENT LA JOUISSANCE EXCLUSIVE.

50. *Dispositions de la loi du 18 juillet 1837, sur cette matière.*
51. *Conséquences de ces dispositions.*
52. *Distinctions à faire à cet égard entre les communes et les sections.*
53. *Les sections emportent la propriété exclusive des biens qui leur appartenaient personnellemen tet dont les revenus n'étaient point versés dans la caisse municipale. Pourquoi?*
54. *Résumé de ce qui précède.*

50. Aux termes de l'art. 5, § 1, de la loi du 18 juill. 1837, les habitants de la commune réunie à une autre commune conservent la jouissance exclusive des biens *dont les fruits étaient perçus en nature.*

D'un autre côté, d'après l'art. 6, § 1, de la même loi, la section de commune, érigée en commune séparée ou réunie à une autre commune, *emporte la propriété des biens qui lui appartenaient exclusivement.*

51. Il résulte de la combinaison de ces deux articles :

1° Que si les habitants de la *commune* réunie conservent seulement la jouissance exclusive *des biens dont les fruits se percevaient en nature,* les biens dont les *revenus* étaient portés au budget de l'ancienne commune passeront au budget de la nouvelle ;

2° Que la *section de la commune* érigée en commune séparée on réunie à une autre commune, emportera la propriété des *biens* qui lui appartenaient *exclusivement,* sans distinction, comme dans le premier cas, entre les *fruits* qui se percevaient en nature et les *revenus en argent.*

Ces dispositions sont de toute justice. En effet, quant aux *fruits qui se percevaient en nature,* les habitants de la commune réunie se les partageaient autrefois entre eux; ils en jouissaient individuellement et les appliquaient à leurs besoins particuliers. Ces fruits, en un mot, n'avaient pas de destination communale.

Il n'en était pas de même des *revenus* provenant des propriétés ou des fonds appartenant à la commune. Ces revenus entraient dans la caisse communale, pour être employés à divers services, dont les habitants de la commune ne profitaient que collectivement.

Si, donc, lorsqu'une commune a été réunie à une autre, il est juste que les habitants de la première continuent à jouir des fruits qu'ils percevaient en nature, la justice veut également qu'ils contribuent de leurs revenus, précédemment communaux, aux dépenses de la nouvelle commune, qui leur offre, sous le rapport des services publics, les mêmes avantages que la première.

52. Mais les observations que nous venons de faire, au sujet des *communes* réunies à d'autres, ne peuvent s'appliquer aux *sections* qui possédaient des biens particuliers *dont elles n'employaient les fruits où les revenus qu'à l'avantage particulier de leurs membres et non point à des objets d'utilité communale;* parce que ces sections, en percevant soit des *fruits* en nature, soit des *revenus* en argent, en jouissaient dans les deux cas *à titre privatif.*

Ainsi, à leur égard les *revenus* sont une propriété tout aussi sacrée que les fruits qui se perçoivent en nature ; fondre dans le budget de la nouvelle commune les revenus dont la section jouissait, ce serait blesser la justice et commettre une véritable spoliation, attendu que la section qui jouissait autrefois d'un revenu certain, ne jouirait plus que d'une portion, quelquefois très-faible, de ce même revenu.

53. Quelques auteurs ont soutenu, sur ce point, une opinion contraire à celle que nous venons d'émettre. Suivant eux, lorsqu'une section réunie à une commune a des biens *qui produisent un revenu*, comme *des terres affermées*, *des maisons, des usines, etc.*, ces revenus doivent toujours être versés dans la caisse municipale de la commune à laquelle la section est annexée, et confondus avec les autres revenus communaux de celle-ci, sans distinction d'origine. Cette confusion leur paraît *résulter forcément de l'application du principe de l'unité communale.* (V., en ce sens, Leber et Puibusque, *Code municipal annoté ;* Davenne, *Dict. gén. d'administration, etc.)*

Cette doctrine est-elle conciliable avec les termes de la loi? Nous ne le pensons pas. On voit, en effet, avec quelle scrupuleuse attention le législateur s'est efforcé de maintenir intacts tous les *droits de propriété*. Dans le § 1er de l'art. 5, il commence par établir que les habitants de la commune réunie à une autre *conserveront la jouissance exclusive des biens dont les fruits étaient perçus en nature*. De cette disposition nous avons conclu que les autres biens tombaient dans la communauté, en vertu de la règle : *qui de uno dicit, de altero negat*. — Puis, dans le § 1er de l'art. 6, le législateur décide que la *section érigée en commune distincte*, OU RÉUNIE A UNE AUTRE COMMUNE, *emportera la propriété des biens qui lui appartenaient exclusivement*. En vertu de cette autre règle de droit : *ubi lex non distinguit, ibi nos distinguere non debemus*, nous avons pensé que la distinction admise dans le cas prévu par l'art. 5 devait être repoussée dans celui de l'art. 6, et que la section détachée d'une commune pour être réunie à une autre, restait exactement, *quant à ses biens de toute espèce, dans la situation qu'elle avait auparavant*. Pourquoi donc n'en serait-il pas ainsi? Pourquoi des droits de propriété qui appartiennent *exclusivement* aux habitants d'une section, cesseraient-ils de leur appartenir au même titre, parce qu'il a plu au gouvernement, pour une raison quelconque dont il est souverain appréciateur, de faire passer cette section d'une commune dans une autre? En quoi ce changement de circonscription, motivé uniquement sur des convenances administratives, dont il n'appartient pas à la section de se faire juge et qu'elle est bien forcée d'accepter, pourrait-il altérer des *droits de propriété* que la constitution actuelle de l'État, ainsi que tous les vieux principes de notre droit public, proclament comme étant au-dessus de toute atteinte?

Ces principes ont été, du reste, hautement reconnus, dans nos assemblées législatives, par tous les organes des commissions qui ont préparé la loi du 18 juillet 1837. — En 1828, comme le projet présenté par le Gouvernement ne contenait aucun article sur les effets de la réunion ou de la séparation des communes, quant à leurs biens, M. Dupin, rapporteur, crut devoir rappeler les principes de la matière en ces mots : « Il est certain que, dans le cas où il y a réunion, les droits de propriété précédemment acquis demeurent inviolables, et que chaque partie conserve la jouissance des biens particuliers qu'elle possédait avant la réunion; de même qu'en cas de séparation, *chaque section doit remporter avec elle les biens qui reposent, à son égard,* SUR DES TITRES PARTICULIERS. — *Cela nous a paru si évident que nous n'avons pas cru devoir en faire l'objet d'un amendement.*

M. Persil, l'un des rapporteurs de la loi municipale à la Chambre des députés, disait, de son côté, dans la séance du 25 février 1834 : « Nous vous proposons de dire simplement qu'après la réunion, chaque commune *ou section de commune* conserve les biens, droits et usages qui lui appartenaient *privativement... La réunion fait perdre les droits dont on ne jouissait que comme faisant partie de la commune; elle n'en donne pas de nouveaux; elle conserve seulement ceux* QUI EXISTAIENT AU PROFIT PERSONNEL ET PRIVATIF DE LA PORTION DE TERRITOIRE DISTRAITE. *Voilà tout ce que nous avons voulu exprimer.* »

Enfin, M. Mounier, rapporteur de la commission de la Chambre des pairs, s'exprimait ainsi dans la séance du 19 mars 1835 :

« Les deux projets, celui du Gouvernement comme celui de l'autre Chambre, décident également qu'en cas de réunion ou de fractionnement, *chaque section conservera les biens, droits et usages qui lui appartenaient privativement.* L'application de ce principe a donné lieu à de vives discussions dans la Chambre des députés. Elles se sont renouvelées dans le sein de votre commission.

» Trois systèmes y ont été soutenus. Plusieurs membres ont demandé qu'on adoptât celui du projet de l'autre Chambre, que le Gouvernement a approuvé : il consiste à établir que les habitants de chaque section conserveront la jouissance exclusive des fruits qui se percevaient en nature, *tandis que les revenus qui étaient portés au budget de l'ancienne commune passeront à celui de la nouvelle.*

» On a objecté que cette disposition était évidemment en contradiction avec le principe énoncé en tête de l'article. Il y est dit que chaque portion de commune conserve les *biens, droits* et *usages* qui lui appartenaient. Cependant on ne laisse à ses habitants que des fruits perçus en nature; tous les produits de ses autres biens tournent au profit de la nouvelle agrégation. Il en résulte que si une commune avait affermé, à la veille de sa réunion, ses biens communaux, ses habitants ne conserveraient aucun avantage particulier, tandis que s'ils avaient laissé en pâturage ces mêmes biens, ils en conserveraient la jouissance exclusive.

» D'autres membres, frappés de la force de cette objection, ont demandé que le principe portât toutes ses conséquences, et qu'à cet effet *il fût déclaré que la section conserverait la propriété et la jouissance de tous ses biens*, REVENUS, *droits et usages*.

» Mais on a fait alors remarquer que, si la section conservait ainsi la libre disposition de ses revenus, sans être obligée d'en rien appliquer aux dépenses communales, elle se trouverait plus riche qu'avant sa réunion. *L'équité ne veut-elle pas que la section affecte aux dépenses faites dans l'intérêt général une partie de ses propres revenus, comme elle faisait quand elle était commune distincte, comme le fait la commune à laquelle elle est réunie?*

54. Comme on le voit, dans l'esprit ainsi que dans les termes de la loi du 18 juillet, une section réunie soit à une autre section, soit à une commune, emporte, en premier lieu, la propriété des biens qui lui appartenaient exclusivement, et dont les produits se percevaient en nature, puis la pleine jouissance des biens *qui produisent des revenus, pourvu, toutefois, que, avant la réunion, ces mêmes revenus ne fussent pas versés dans la caisse municipale de la commune à laquelle cette section appartenait.*

Si, donc, avant la réunion, ces revenus étaient, en totalité ou en partie, versés dans la caisse municipale, il en sera de même après. Dans le cas contraire, la section réunie devra continuer à en jouir exclusivement.

CHAPITRE III.

EFFETS DES RÉUNIONS OU DES DIVISIONS DE COMMUNES, QUANT AUX ÉDIFICES OU AUX AUTRES IMMEUBLES QUI SONT AFFECTÉS A UN SERVICE PUBLIC.

55. *Dispositions de la loi en ce qui concerne la propriété des édifices et des autres immeubles servant à usage public.*
56. *Règlement des indemnités s'il y a lieu.*
57. *Propriété des édifices et autres immeubles destinés à l'usage du culte. — Distinctions à faire à ce sujet.*

55. Les édifices et les autres immeubles qui sont actuellement *affectés à un usage public*, ne suivent point le sort des autres biens communaux, lesquels, comme on l'a vu au chapitre précédent, continuent d'appartenir à la commune ou à la section qui, avant la réunion ou la séparation, en avait la possession exclusive. — Ceux-ci, aux termes du § 2 des art. 5 et 6 de la loi du 18 juillet 1837, deviennent, *ipso facto*, la propriété de la commune nouvellement formée ou de la commune à laquelle est faite la réunion, sauf toutefois à régler l'indemnité qui pourrait être due à la commune ou à la section annexée, pour cet apport.

Il suit de ce qui précède que, si une section de commune avait fait construire pour son usage particulier, même avec des fonds provenant de souscriptions faites uniquement parmi ses propres habitants, des édifices *destinés à un usage public*, et si cette section était ensuite réunie à une autre commune, celle-ci, à partir de cette réunion, deviendrait propriétaire de ces édifices. Mais il serait de toute justice que l'ancienne section propriétaire obtînt, d'une manière ou de l'autre, l'équivalent de la perte qui lui serait ainsi imposée.

56. Il fut entendu, lors de la discussion de l'art. 7, que le règlement de cette indemnité serait toujours fait *par ordonnance royale;* il doit donc aujourd'hui être fait *par décret*. Le même pouvoir qui statue sur la réunion, doit, en effet, prendre le soin d'en prévenir et d'en régler les conséquences. A cet égard, il n'existe aucune règle précise. Le législateur a eu l'intention évidente de tout laisser à l'appréciation de l'autorité administrative, parce qu'il n'était pas possible de régler *à priori*, les cas si divers qui peuvent se présenter, ni même de rappeler des principes généraux dont l'application servît à résoudre toutes les difficultés qui pourraient naître de la séparation. Il appartiendra donc au préfet d'examiner, dans chaque espèce, d'après les demandes des parties, et surtout d'après les circonstances qui auront précédé ou déterminé le projet de séparation, ce qu'il sera juste et convenable de décider en même temps qu'on la prononcera.

Cette appréciation sera souvent très-délicate et exigera, de la part de l'administration, une attention toute particulière. Toutes les pièces relatives à l'instruction de cet objet devront être adressées, par le préfet, au Ministre de l'intérieur, sur la proposition duquel sera rendu le décret réglementaire.

La cour de Nancy avait jugé le contraire, par un arrêt du 9 juillet 1846, rendu au profit de la commune de Tremonzey contre la commune de Fontenoy-le-Château ; mais sur le pourvoi de celle-ci, l'arrêt de cette cour fut cassé par un arrêt de la Ch. civ. de la C. de cass., en date du 27 janvier 1851, lequel est ainsi conçu :

« Vu les art. 5, sect. I et V, de la loi du 10 juin 1793 : — Vu la loi du 16 fruct. an III ; — Attendu que, par arrêté du préfet des Vosges, en date du 12 août 1824, les hameaux du Haut-du-Mont et des Trémeurs ont été distraits de la commune de Fontenoy et incorporés à la commune de Trémonzey ;— Attendu que, pour décider à qui, de la commune de Fontenoy ou des hameaux distraits, appartenait, soit intégralement, soit en partie, la propriété de certains biens, tels que bois, forêts, pâtis communaux, tels aussi que les créances, rentes, cens, argent comptant et autres valeurs mobilières isolées, l'autorité judiciaire était compétente, puisque c'est à elle seule à statuer sur les questions de propriété ; — Attendu qu'il n'en peut pas être de même relativement aux édifices et autres immeubles servant à usage public ; qu'aux termes de l'art. 5, sect. I, de la loi du 10 juin 1793, ces objets sont exceptés de tout partage ; que, par leur nature, ils ne peuvent donner lieu à aucun litige sur l'attribution de propriété ; qu'en effet ils demeurent nécessairement la propriété de la commune sur le territoire de laquelle ils se trouvent situés ; que lorsque, par l'effet du changement de circonscription territoriale, une section de commune cesse d'en avoir l'usage, la section ainsi devenue étrangère à la commune sur le territoire de laquelle les immeubles sont situés *ne peut prétendre, s'il y a lieu, qu'à des indemnités représentatives de la privation de jouissance qui résulterait du changement de circonscription, et qui l'exclurait de l'usage de tout ou de partie de ces immeubles ; — Attendu que le règlement de telles indemnités constitue, non un jugement sur des questions de propriété, mais l'appréciation et la détermination des conditions expresses ou tacites, moyennant lesquelles un changement a été opéré entre deux circonscriptions communales ; et qu'il n'appartient qu'à l'autorité administrative, appréciatrice et interprète des actes administratifs, de statuer sur les difficultés qui peuvent s'élever à cet égard ;* — Attendu qu'aux termes de l'art. 1, sect. V, de la loi du 10 juin 1793, c'est également à l'autorité administrative qu'est dévolu le droit de statuer sur les opérations et les contestations relatives au mode de partage de biens entre les communes ; — Attendu qu'en décidant que les hameaux distraits conserveront un droit certain d'indemnité à l'égard des bâtimens, meubles et propriétés appartenant à l'hospice et au bureau de bienfaisance, et un droit éventuel à l'égard des maisons commune et d'école et de leurs dépendances, ainsi que des pompes à incendie et de leurs accessoires, l'arrêt attaqué a excédé sa compétence et violé les lois précitées ; — Casse. »

L'arrêt rapporté ci-dessus décide, comme on vient de le voir, qu'il n'est possible d'établir aucune différence entre les immeubles affectés à un usage public, tels que la maison commune, l'école, l'hospice, le bureau de bienfaisance, etc., etc.) Ces immeubles, quelle que soit leur nature, dès l'instant qu'ils sont définitivement consacrés à un usage public, deviennent la propriété de la commune sur le territoire de laquelle ils se trouvent placés, sans préjudice, toutefois, des indemnités auxquelles pourraient prétendre les communes ou sections qui en étaient précédemment propriétaires.

57. Quant à la propriété des immeubles destinés soit à *l'usage du culte, soit à l'habitation personnelle de ses ministres*, tels que les *églises* et *presbytères*, il y a cependant une distinction à faire. Il est évident, d'après ce qui précède, que la commune à laquelle on réunit soit une autre commune, soit une section, acquiert, *ipso facto*, la propriété de ceux de ses édifices qui appartenaient à la commune ou à la section réunie.

Mais doit-il en être de même lorsque cette dernière commune ou section constituait une *paroisse*, et que, par suite, ce qui touchait à l'exercice du culte catholique y était administré par une *fabrique* à laquelle appartenait soit l'*église*, soit le *presbytère*?

Pour apprécier toute la portée de cette question, il faut se rappeler que si la propriété des communes n'est douteuse ni quant aux églises et presbytères qui ont été acquis ou construits de leurs deniers, ni quant à ceux qui existaient avant 1789, et qui ont été rendus à leur destination par l'art. 72 de la loi du 18 germ. an X (lois et décrets, 26 mess. an IX, 18 germ. an X, 7 therm. an XI, 2 pluv., an XIII ; C. d'Etat, 18 juin 1832 ; 6 avril 1834 ; Poitiers, 20 févr. 1835 ; Trib. Châlons, 12 janv. 1849 ; Paris, 18 févr. 1851 : — V. *Encycl. des Just. de Paix*, v° *Eglise*, n° 9), les fabriques sont incontestablement propriétaires des églises et presbytères qu'elles ont construits ou acquis de leurs propres deniers, ou qui lui ont été légués. Il est évident, en effet, que la propriété de ces édifices est, dans ces derniers cas, régie par les règles du droit commun.

Il suit de là qu'on ne peut appliquer à ces édifices les règles établies par l'art. 8 de la loi du 18 juill. 1837, et qu'ils ne deviendront pas, comme les premiers, *ipso facto* et sauf indemnité, la propriété de la commune au territoire de laquelle la réunion accomplie aura pour effet de les incorporer.

A ce motif de droit général vient se joindre l'interprétation qu'on doit logiquement donner aux termes dont s'est servie la loi du 18 juill. 1837. L'art. 6 précité se compose, en effet, de deux paragraphes qui doivent nécessairement avoir entre eux une corrélation intime. Or, après avoir dit, dans le § 1 de l'art. 6, que la section de commune érigée en commune séparée ou réunie à une autre commune, emporte *la propriété des biens qui lui appartiennent exclusivement*, le législateur ajoute immédiatement, dans le § 2: « *Les édifices et autres immeubles servant à usage public*, etc. » Il est donc de toute évidence que cette dernière disposition se rapporte uniquement à ceux des mêmes édifices *dont la propriété appartient exclusivement à la commune ou à la section réunie.*

58. *Contestations; compétences.* On doit faire la même distinction quant aux contestations qui s'élèveraient entre une commune et une fabrique, sur la propriété d'une église ou d'un presbytère. — Si l'édifice en litige est de construction récente, et si la propriété en est revendiquée, soit par la commune, soit par la fabrique, uniquement parce qu'il aurait été acquis ou construit des deniers de la demanderesse, il s'agit alors d'une question ordinaire de propriété dont le jugement ne peut appartenir qu'à l'autorité judiciaire. Mais si la commune ou la fabrique se prétendaient respectivement propriétaires du presbytère ou de l'église *en vertu de l'abandon que l'Etat leur en aurait fait*, en exécution de l'art. 72 de la loi du 18 germ. an X, le droit de prononcer sur la contestation rentrerait exclusivement dans les attributions de l'autorité administrative. Voici pourquoi.

D'après l'avis du Conseil d'Etat, en date du 23 déc. 1806, approuvé par l'Empereur, le 25 janv. 1807, et ayant force de loi, les fabriques qui prétendent que des biens ou des rentes ont été abandonnés à leur profit par l'Etat, en vertu de l'art. 72 de la loi du 18 germ. an X, et des actes du Gouvernement faits en exécution de cet article, doivent se faire envoyer en possession, *par arrêté du Préfet,* sous l'approbation du Ministre des Finances. Si la mise en possession est refusée par le préfet ou par le ministre, ou si, après qu'elle a été accordée, il y a contestation à ce sujet, c'est devant le Conseil d'Etat que, d'après les règles générales de la juridiction administrative, les réclamations doivent être portées. C'est ce que décide un arrêt du C. d'Etat, en date du 6 avril 1854, rendu dans une contestation entre la commune et la fabrique de Tocqueville-Bénarville, concernant la propriété de l'ancienne église et de l'ancien presbytère de la section de Bénarville, dont la fabrique avait été mise en possession par un arrêté du préfet de la Seine-Inférieure.

59. Aux termes du décret du 13 déc. 1809 et des lois des 14 févr. 1810 et 18 juill. 1837, les diverses communes réunies pour le culte sont tenues obligatoirement de concourir dans des proportions déterminées, soit au paiement d'une indemnité de logement au curé, lorsqu'il n'y a pas de presbytère, soit aux frais de reconstruction, de grosses réparations ou d'entretien du presbytère, lorsqu'il en existe. — Mais dans le cas où l'une des communes possède un presbytère en toute propriété, aucune disposition législative ne l'autorise à exiger que les autres communes, qui lui sont réunies pour le culte, lui paient un prix de location. En conséquence, dans une telle éventualité, il n'y a pas lieu d'établir sur celles-ci une imposition d'office. (Avis com. int., 22 mai 1855.)

Lorsqu'une commune est divisée en plusieurs sections contenant autant de paroisses, il y a lieu de faire peser sur toute la commune l'imposition extraordinaire au moyen de laquelle l'une des églises paroissiales doit être réparée. En effet, les travaux qu'il s'agit d'exécuter dans un édifice consacré au culte sont d'une nature essentiellement communale ; ce serait donc méconnaître le caractère communal de cette obligation que de faire peser l'imposition extraordinaire exclusivement sur la section dans laquelle se trouve l'église à réparer. (Avis du même com., 19 déc. 1855.)

D'un autre côté, les réunions de communes ne modifiant pas les circonscriptions religieuses, les frais du culte resteront les mêmes, tant que durera la circonscription actuelle des succursales. D'où il suit que les impositions votées pour cet objet ne porteraient que sur les anciennes communes ou sur les portions de territoire qui profiteraient du service aux dépenses duquel il s'agirait de pourvoir.

TITRE IV.

RÈGLEMENT DES AUTRES CONDITIONS DE LA DICTRACTION OU DE LA RÉUNION.

60. *Principes qui régissent toute cette matière.*
61. *Nécessité de faire, avant la réunion ou la séparation des communes ou sections, le règlement de tout ce qui devra s'en suivre.*
62. *Les dossiers relatifs à cet objet doivent toujours être complétés avant d'être adressés au Ministère de l'Intérieur.*
63. *Division générale du sujet.*

60. « Les autres conditions de la réunion ou de la distraction seront fixées par l'acte qui la prononcera. Lorsqu'elle sera prononcée par une loi, cette fixation pourra être renvoyée à une ordonnance royale ultérieure (*aujourd'hui à un décret*), sauf réserve, dans tous les cas, de toutes les questions de propriété. » (L. 18 juill. 1837, art. 7.)

61. Pour que l'administration supérieure soit en mesure de faire le règlement dont il s'agit dans cet article, il importe que toute proposition relative à un changement de circonscription territoriale soit accompagnée de tous les documents propres à éclairer sa décision sur les droits, ou du moins sur les prétentions de toutes les parties intéressées. Car, s'il était statué sur le projet avant que tous ces points eussent été fixés, il pourrait s'élever ensuite des contestations d'autant plus difficiles à résoudre que les parties ne voudraient accepter aucune sorte de transaction, les unes étant mécontentes d'un changement effectué malgré leur opposition, les autres n'ayant plus d'intérêt à faire des sacrifices pour faciliter ce même changement, puisqu'elles l'auraient déjà obtenu.

62. Afin d'éviter un pareil inconvénient, il est de règle, au Ministère de l'Intérieur, qu'on renvoie au préfet, avec invitation de le compléter, tout dossier relatif à un changement de circonscription qui ne contient pas tous les éléments d'instruction dont il vient d'être parlé.

63. Les conditions que le Gouvernement peut être appelé à régler pour des séparations ou des réunions de communes ou de sections, dépendront nécessairement d'une foule de circonstances dont il serait difficile de tracer d'avance le tableau complet. Nous devons en conséquence nous borner à parler ici de celles qui se présentent le plus fréquemment, et pour procéder avec le plus d'ordre possible dans une matière aussi compliquée, nous la diviserons en trois groupes principaux, sous les titres suivants : *Indemnités ou compensations ;* 2° *Liquidation de dettes ;* 3° *Partage de biens indivis.*

CHAPITRE I.

INDEMNITÉS OU COMPENSATIONS.

64. *En principe, les changements de circonscription ne donnent droit à aucune indemnité.*

65. *On peut cependant autoriser, en faveur de la commune ou de la section réunie, des fondations de bienfaisance.*

66. *On peut aussi indemniser une section des dépenses qu'elle a faites seule, pour des établissements dont elle ne doit plus désormais profiter exclusivement.*

64. De nombreuses raisons s'opposent à ce que les communes ou les sections qui sont réunies à d'autres puissent exiger, à titre de droit, soit des compensations, soit une indemnité quelconque. D'abord, elles ne sont pas propriétaires de leur territoire, puisqu'il appartient, en partie, au domaine public, et, en partie, à la propriété privée. Puis, la seule portion de ce territoire qui leur appartienne en réalité, celle qui constitue proprement leur domaine, ne cesse pas de leur appartenir dans la nouvelle situation qui leur est faite. — D'un autre côté, lorsque le Gouvernement, par l'un des motifs que nous avons examinés dans les chapitres précédents, croit devoir prononcer la réunion d'une commune ou d'une section à une autre, il fait un acte de souveraineté dont aucune des parties intéressées n'a le droit de se plaindre et dont elle ne saurait, en conséquence, à aucun titre, exiger la réparation. Ces principes ont été reconnus par un avis du Comité de l'Intérieur, au C. d'Etat, en date du 9 janv. 1835.

65. Il peut cependant arriver qu'au moment où l'on détache d'une commune la partie la plus fertile de son territoire, on juge convenable de l'autoriser à recevoir en compensation des fondations de bienfaisance au profit des pauvres dont les ressources seraient notablement diminuées par cette distraction.

66. Il peut se faire encore qu'une section ait fait bâtir, au moyen de souscriptions recueillies parmi ses habitants, des édifices publics destinés à son usage particulier. Si elle est ensuite réunie à une commune ou section, il est bien évident qu'en vertu de l'art. 6 de la loi, celle-ci profiterait de ces édifices sans avoir en rien contribué aux dépenses de leur construction. Il est donc de toute justice que la section à laquelle ils appartenaient obtienne alors une indemnité. Le soin de la fixer est une opération délicate, subordonnée à une foule de circonstances dont on devait nécessairement abandonner l'appréciation à l'autorité administrative.

CHAPITRE II.

LIQUIDATION DES DETTES.

67. *L'origine des dettes doit, en cette matière, être prise en très-sérieuse considération.*

68. *Cas où la dette provient d'une condamnation à des réparations civiles, prononcée contre la commune ou section.*

69. *Dette provenant d'un procès soutenu à l'occasion de biens indivis.*

67. La liquidation des dettes qui doivent tomber respectivement à la charge de chacune des communes ou des sections dont on prépare la réunion, est certainement l'une des matières

qui exigent, de l'autorité administrative, le plus d'attention, de prudence et de sagacité. Il est évident que l'origine des dettes doit jouer un rôle important dans la solution des questions qui pourront se présenter à ce sujet. Il importe surtout de ne pas trop se laisser dominer par certains principes exclusivement applicables à certaines parties du droit civil. Ainsi, par exemple, lorsqu'il s'agit de communauté conjugale, il peut bien être stipulé que chacun des époux paiera séparément ses dettes personnelles ; mais il serait quelquefois d'une souveraine injustice d'admettre une telle stipulation dans les actes qui doivent régler les conditions de la réunion de deux communes ou de deux sections. Supposons, en effet, que l'une d'elles ait contracté une dette considérable et grevé son avenir pour la création d'un établissement qui doit profiter aux générations futures de la commune autant qu'à la génération actuelle. Puisque, par l'effet de la réunion, les habitants de la commune ou de la section réunie sont appelés à profiter de l'établissement dont la création a causé la dette, serait-il juste qu'ils fussent exonérés d'avance de toute participation à l'acquittement d'une telle charge, sous le prétexte qu'elle était antérieure à la réunion.

68. Mais il en serait autrement si la dette provenait d'une condamnation à des réparations civiles prononcée, en vertu de la loi du 10 vendém. an IV, contre une commune, pour des actes de dévastation dont ses habitants seuls se seraient rendus coupables. Certes, dans ce cas, la commune ou la section qui viendrait à lui être ultérieurement réunie, ne devrait, sous aucun rapport, participer au paiement de la dette. Il serait facile de multiplier ces exemples ; mais les deux que nous venons de citer nous paraissent suffire pour faire bien comprendre dans quel esprit doit être réglée la liquidation des dettes, entre deux communes ou sections qu'on veut réunir.

69. Quant aux dettes qui seraient communes aux deux sections comme provenant, par exemple, d'un procès soutenu à l'occasion de biens indivis entre elles, ou de travaux de construction d'édifices, de chemins, etc., qu'elles auraient entrepris en commun, la répartition devrait en être faite entre les parties à raison des contributions publiques payées par chacune d'elles, et non d'après le nombre de leurs feux respectifs. Cette règle, confirmée par la jurisprudence, trouve son principe dans les dispositions des lois relatives au paiement des dépenses communales. (LL. de finances et L. 18 juillet 1837, art. 39.)

CHAPITRE III.

PARTAGE DE BIENS INDIVIS ENTRE COMMUNES OU SECTIONS.

70. *Quand y a-t-il lieu à partage ?*
71. *Les communes, pas plus que les particuliers, ne peuvent être contraintes à demeurer dans l'indivision.*
72. *Règles à suivre pour arriver au partage.*

SECTION I.

Cas où les communes sont d'accord.

73. *Formalités à remplir.*
74. *Délibérations des conseils municipaux.*
75. *Formule d'une délibération.*
76. *Envoi de la délibération au préfet.*
77. *Les communes ne peuvent, dans aucun cas, procéder, par elles-mêmes, au partage.*
78. *Nomination et opérations des experts.*
79. *Cas où l'inobservation de ces règles n'entraînerait pas la nullité du partage.*
80. *Enquête* de commodo et incommodo *dans les communes intéressées.*
81. *Modèle de cette enquête.*
82. *Avis du commissaire-enquêteur.*
83. *Procès-verbal de publication et d'affiches.*
84. *Envoi de l'enquête au sous-préfet.*
85. *Il appartient au préfet seul d'approuver le partage, quelle que soit la valeur des biens à partager.*
86. *Modèle d'un arrêté préfectoral à ce sujet.*
87. *Mode à suivre pour le partage. — En l'absence de titres, il se fait par feux. — Explications à ce sujet.*

SECTION II.

Cas où les communes ne sont pas d'accord.

88. *Points divers sur lesquels peut porter la contestation.*

70. Lorsqu'une commune est réunie à une autre, elle prend, vis-à-vis de celle-ci, quant aux biens dont ses habitants *percevaient les fruits en nature*, le caractère d'une section (V. *suprà*, n°s 50 et suiv.), et les habitants de cette dernière continuent à jouir de leurs biens absolument comme ils en jouissaient avant la réunion. Il ne peut s'élever, à cet égard, aucune difficulté. Mais la question n'est pas toujours aussi simple. Il peut arriver que du territoire d'une seule commune on en forme deux ; ou bien qu'une partie du territoire d'une commune en soit détachée pour être incorporée dans une autre. Dans ces derniers cas, chacune des communes ou des sections emporte avec elle seulement une part de la propriété des biens communaux qui lui appartenaient conjointement avec la commune ou la section dont on la sépare. Le caractère de la possession est dès lors changé entre elles. Ce qui autrefois composait un *tout* ne forme plus aujourd'hui que des *parts*. Il importe peu, du reste, que ces parts soient restées plus ou moins longtemps indivises, il suffit qu'elles puissent être divisées.

71. Il entre, en effet, dans l'esprit de la loi civile de favoriser le partage des propriétés indivises, car l'indivision devient presque toujours une source de difficultés et de procès. L'art. 815 C. Nap. porte, en conséquence : « Nul ne » peut être contraint à demeurer dans l'indivision ; et le » partage peut toujours être provoqué, nonobstant prohi» bitions et conventions contraires. » Ainsi, sous ce premier rapport, les communes, propriétaires de leurs biens au même titre que les particuliers, doivent, non moins dans l'intérêt de la paix publique et de leur prospérité, qu'en rigoureuse conformité des principes du droit, être admises au bénéfice de la disposition énoncée dans cet article. — D'un autre côté, d'après le système d'organisation municipale, tel qu'il est établi par les lois des 28 pluv. an VIII, 18 juill. 1837 et 5 mai 1855, l'administration doit toujours s'efforcer de circonscrire dans les limites de chaque commune l'administration de tout ce qui se rattache à ses intérêts publics et privés. — Enfin la faculté de partage qu'obtiennent dans le cas prévu les communes, n'amoindrit en rien leur domaine, et tend seulement à en rendre la gestion plus facile.

Tout se réunit donc pour faire admettre, en principe, que toute commune qui possède, avec d'autres, des biens indivis, peut en demander le partage.

Ce principe a été consacré par un arrêt de la C. de cass., du 4 therm. an VIII, rendu au sujet d'une forêt communale, dite le Grand-Falbert, indivise entre deux communes du département du Bas-Rhin, alors régi par les lois romaines. La commune de Dettwiller en demandait le partage ; celle de Saverne s'y opposait. Le trib. civ. du département des Vosges, jugeant en appel, avait décidé que les deux communes resteraient dans l'indivision, attendu que le partage serait nuisible à la commune de Dettwiller elle-même. Mais sur le pourvoi de celle-ci, la C. de cass. statua en ces termes :

« Vu la loi dernière, C., *de communi dividundo ;* et la loi 8 ff., *de communi dividundo ;* — Attendu que nul n'est obligé de rester dans l'indivision malgré soi ; — Que l'un des copropriétaires ne peut donc résister au partage d'une chose commune et susceptible d'être partagée, lorsque ce partage est provoqué par un autre copropriétaire ; — Que les deux communes de Dettwiller et de Saverne ont la propriété indivise du Grand-Falbert ; — Que celle de

Dettwiller, légalement autorisée par les corps administratifs, avait donc pu en poursuivre le partage et devait l'obtenir ; et qu'en la forçant de rester dans l'indivision, sous le prétexte que ce partage lui était nuisible, le trib. civ. du département des Vosges a violé les lois romaines, qui donnent le droit de provoquer le partage de toutes les choses indivises qui en sont susceptibles ; — Par ces motifs, Casse, etc. »

La doctrine de cet arrêt n'a pu évidemment qu'être corroborée par la promulgation de l'art. 815 précité du C. Nap.

72. Les règles à suivre pour arriver au partage varient suivant que les communes ou sections copropriétaires sont d'accord ou en dissidence sur leurs droits respectifs.

Section I.

Cas où les communes sont d'accord.

73. Lorsque les deux communes sont d'accord, lorsqu'aucune d'elles ne prétend, en contradiction avec les autres, faire résulter, soit de ses titres, soit de sa possession, des droits plus étendus que ceux de ces dernières, voici les formalités qu'on doit observer :

74. Le conseil municipal, s'il s'agit de plusieurs sections de la même commune ; les conseils municipaux des communes intéressées, s'il y en a plusieurs, doivent d'abord émettre leur avis sur l'utilité du partage. Diverses causes peuvent le faire désirer. L'indivision, par exemple, peut avoir produit des contestations qu'il importe de faire cesser; ou bien la population de l'une des communes s'accroissant plus rapidement que celle de l'autre, et l'équilibre de jouissance tendant à s'altérer entre elles de plus en plus, l'indivision ne pourrait, en se prolongeant, que devenir de jour en jour plus onéreuse à la commune la moins favorisée ; ou bien l'une des communes peut avoir de justes motifs de donner une autre destination à la partie de ses biens qu'elle possédait indivisément. D'autres raisons encore peuvent être invoquées à l'appui de la demande en partage. Quelles que soient celles qu'on mette en avant, le conseil municipal ou les conseils municipaux qui proposeront la mesure, devront les exposer dans leur délibération, pour laquelle ils pourront consulter le modèle suivant :

75. *Modèle de procès-verbal pour une délibération du conseil municipal, relative à un partage de biens indivis.*

« Aujourd'hui, mil huit-cent   , le conseil municipal de la commune de

, arrondissement de , département de , étant réuni (*indiquer si c'est une session ordinaire ou extraordinaire*).

M. le Maire expose qu'il s'agit de délibérer sur la question de savoir s'il y a lieu de provoquer auprès de l'autorité supérieure le partage des biens communaux qui sont actuellement indivis entre la commune (*ou section*) de et la commune (*ou section*) de

Le conseil, après en avoir délibéré ;

Considérant (*développer avec l'étendue nécessaire les raisons qui militent en faveur du partage*) ;

Considérant, d'après tous ces motifs, qu'il ne peut qu'être avantageux à la commune (*ou à la section*) de voir cesser, le plus prochainement possible, l'indivision des biens dont il s'agit ;

Est d'avis que le partage doit être demandé.

Sera la présente délibération adressée, par M. le Maire, à l'autorité supérieure, avec prière d'y donner, dans le moindre délai possible, telle suite que de droit.

Délibéré à , le

Ont signé les membres présents.

76. Les délibérations des conseils municipaux sont ensuite envoyées au préfet par l'intermédiaire du sous-préfet, avec les demandes en partage formées par les maires.

77. Bien que les communes fussent d'accord, non-seulement sur les bases du partage, mais encore sur les lots qu'elles consentiraient à s'attribuer mutuellement, elles n'en seraient pas moins incapables de procéder elles-mêmes à cette opération. Il est, en effet, de principe que le partage équivaut à une aliénation, car on ne saurait renoncer aux droits que l'on avait sur une chose, alors même qu'on en reçoit une juste compensation, sans opérer une véritable aliénation de ces droits. Dans la *vente*, on reçoit le prix de la chose ; dans l'*échange*, une chose équivalente ; dans le *partage*, un droit déterminé sur une seule partie, en échange d'un droit indéterminé sur le tout ; mais, dans chacun de ces divers cas, il y a déplacement, échange de droits, et, par conséquent, *aliénation*. Dans le cas spécial qui nous occupe, la commune, copropriétaire du tout, ne devient propriétaire exclusive que de la partie qui lui est attribuée, et reste désormais étrangère à toutes les autres. Or, c'est précisément cette aliénation qui n'est pas permise aux communes dont la position, sous beaucoup de rapports, est assimilée à celle des mineurs.

78. Si aucune des communes ne résiste au partage, le préfet, sur le vu des demandes des maires et des pièces qui les accompagnent, nomme des experts qu'il charge de lever les plans et de faire l'estimation des terrains à partager.

Les experts, après avoir prêté serment entre les mains du préfet, ou du sous-préfet délégué, divisent les biens à partager en autant de lots qu'il y a de communes ou de sections copartageantes, en basant cette décision sur les titres ou la possession de chacune d'elles. Ils dressent ensuite un procès-verbal de leurs opérations et soumettent leurs propositions au préfet.

79. Ce que nous venons de dire sur la nécessité de l'avis préalable des conseils municipaux des communes intéressées, n'empêcherait pas qu'on ne dût maintenir le partage de biens indivis qui aurait été opéré sans l'accomplissement de cette formalité entre deux communes, en exécution d'une transaction régulièrement consentie et approuvée par l'autorité supérieure. — Dans tous les cas, l'action en nullité ou en rescision de la part de l'une des communes serait prescrite par le laps de dix ans. (C. Nap. 1304, 2277. — Req., 18 janv. 1841.) — M. Troplong, *Prescript.*, n° 196, et Merlin, *Rép.* v° *Prescript.*, Sect. III, § 5, n° 3, ont professé une doctrine conforme à celle de cet arrêt.

Toutefois, la prescription ne serait point acquise si des actes valables l'avaient interrompue. Une instance administrative peut avoir l'effet d'une interruption légale, alors même que l'autorité administrative eût été incompétente pour statuer. (Cass., 30 juin 1825 ; 10 nov. 1846.)

80. Avant d'homologuer les opérations des experts, le préfet nomme un commissaire spécial à l'effet de procéder, dans les communes intéressées, à une enquête *de commodo et incommodo*, sur le projet de partage.

81. *Modèle de cette enquête.*

L'an mil huit cent   et le   , nous (*nom, prénoms, profession et domicile*), commissaire enquêteur, nommé par arrêté de M. le préfet, en date du   , à l'effet de procéder à une information de *commodo et incommodo*, sur le projet de partage des biens communaux jusqu'à présent indivis entre les communes (*ou sections*) de   et de   , nous nous sommes transporté au secrétariat de la mairie de la commune de   , où nous avons invité M. le maire à vouloir bien faire publier et afficher dans les lieux voulus par la loi ;

Que le dimanche, du mois de , depuis heures du matin jusqu'à heures du soir, nous nous rendrions au secrétariat de la mairie, à l'effet de constater les vœux que les habitants voudraient émettre sur le projet dont il s'agit, et avons signé.

Et conformément à notre arrêté du , indiquant les lieux et jour, depuis heures du matin jusqu'à heures de l'après-midi, pour dernier délai, où nous recevrions les déclarations des habitants de la commune, lequel arrêté a été affiché dans les lieux voulus par la loi, les dimanches (*dates*), et publié aujourd'hui à l'issue de la messe paroissiale, nous nous sommes rendu au secrétariat de la mairie d , où nous avons déclaré ouvert notre procès-verbal.

Avant de recevoir les déclarations des comparants, nous avons donné communication à chacun d'eux du préambule du présent procès-verbal ainsi que de l'exposé ci-après, de la nature, des motifs et des fins du projet annoncé.

(*Analyser ici succinctement les raisons qui ont porté le conseil municipal à demander le partage des biens dont il s'agit.*)

En marge de notre procès-verbal, et en face de chaque déclaration, nous avons indiqué par la lettre P, (*Pour*) les avis exprimés en faveur du projet, et par la lettre C, (*Contre*) les avis contraires.

P. Est comparu le sieur (*nom, prénoms, profession, âge et domicile*), lequel nous a déclaré qu'il approuvait le partage projeté, par les motifs suivants : (*énoncer ici ces motifs.*)

Après lecture faite de la présente déclaration, le comparant a dit y persister et a signé (*ou bien, invité à signer, a déclaré ne savoir*).

C. Est comparu le sieur (*nom, prénoms, profession, âge et domicile*), lequel nous a déclaré qu'il s'opposait à l'exécution du projet dont il s'agit, par les motifs suivants : (*déduire ici ces motifs.*)

Après lecture faite de la présente déclaration, le comparant a dit y persister et a signé.

(*Mettre ici des mentions semblables pour tous ceux qui se présenteront pour ou contre.*)

Personne ne se présentant plus, et attendu qu'il est l'heure de , fixée pour la clôture de cette séance, nous avons clos le présent procès-verbal et avons renvoyé la séance à demain (*date*), depuis heures du matin jusqu'à heures de l'après-midi.

(*Ou bien, si le procès-verbal est clos définitivement*)

Nous avons clos et arrêté le présent procès-verbal, duquel il résulte qu'il y a eu (*nombre*) déclarations en faveur du projet et (*nombre*) contre, lesdits jour, mois et an que dessus, étant heures de l'après-midi, et avons signé.

(*Signature du commissaire enquêteur.*)

82. *Avis du commissaire enquêteur.* Cet avis peut être exprimé sous la forme d'un rapport adressé au magistrat délégateur, ou d'une simple opinion émise à la suite du procès-verbal d'enquête.

83. *Procès-verbal de publication et d'affiches.*

Nous soussigné, maire de la commune d , certifions avoir publié et affiché, dans les lieux affectés à la publication des actes de l'autorité publique, pendant deux dimanches consécutifs, les (*dates*), que le (*date*) M. , commissaire enquêteur, nommé à l'effet de procéder à une enquête de *commodo et incommodo*, sur le projet de partage des biens communaux indivis entre les communes de et de (*ou les sections de et de*) se rendrait le (*date*) à la maire de , à l'effet de connaître les vœux des habitants sur la mise à exécution de ce projet.

En mairie, à le , 18 .

(*Sceau de la Mairie.*) (*Signature du maire.*)

84. Le procès-verbal de l'enquête, rédigé dans les formes qui viennent d'être indiquées, l'avis du commissaire enquêteur, celui du sous-préfet, et toutes les autres pièces de l'affaire, sont ensuite envoyés au préfet qui statue définitivement.

85. Aux termes de l'art. 46 de la loi du 18 juill. 1837, les préfets, par des arrêtés pris en conseil de préfecture, ne pouvaient autoriser le partage des biens indivis entre communes ou sections de communes, que si la valeur de ces biens n'excédait pas 3,000 fr. ou 20,000, suivant l'importance du revenu de ces communes ou sections. — Aujourd'hui, d'après le n° 41, tableau A, du décret du 25 mars 1852, les préfets statuent sur ces partages, quelle que soit la valeur des biens à partager.

Du reste, l'arrêté par lequel un préfet homologue des conventions arrêtées entre deux communes, relativement à la délimitation et la jouissance de communaux indivis entre elles, *est un acte administratif pris dans les limites des pouvoirs de ce fonctionnaire*, et ne peut, dès lors, être déféré directement au C. d'Etat par la voie contentieuse. — Il ne fait d'ailleurs pas obstacle à ce que les parties intéressées fassent valoir, devant les tribunaux civils, les droits de propriété qu'elles prétendent avoir sur lesdits communaux. (C. d'Et. 23 juill. 1846, 22 juin 1854.)

86. Voici le modèle de l'arrêté que le préfet doit prendre

pour approuver le partage de biens indivis entre des communes:

Le Préfet, etc.,

Vu les délibérations des communes de , en date des ;

Le procès-verbal d'expertise et d'attribution des lots, commencé le et clos le ;

Le procès-verbal de l'enquête à laquelle il a été procédé le , par (*nom et qualité*), désigné à cet effet par (*le préfet ou le sous-préfet*), par arrêté du ;

L'avis du commissaire enquêteur, concluant à (*spécifier*) ;

Celui du sous-préfet de l'arrondissement, en date du ;

La loi du 18 juillet 1837 ;

Le décret du 25 mars 1852 ;

Considérant (*énoncer ici les motifs de la décision*) ;

ARRÊTE :

ART. 1. Le partage des biens (*indiquer la nature, la contenance et la valeur des immeubles*), indivis entre les communes de (*ou sections de*), est autorisé, pour être effectué et constaté par acte authentique, d'après les bases, clauses et conditions exprimées dans le procès-verbal d'expertise et d'attribution de lots susvisé et adopté par les conseils municipaux desdites communes dans leurs délibérations précitées.

ART. 2. Les maires des susdites communes sont chargés de l'exécution du présent arrêté.

Dans le cas où les communes, ou les sections copropriétaires dépendraient de départements différents, les préfets auraient à se concerter avec leurs collègues, pour que chacune des parties fût autorisée par le préfet du département auquel elle appartiendrait. (Inst. Min. int., 25 juill. 1839.)

37. *Mode à suivre pour le partage.* Lorsqu'il s'agit d'opérer un partage entre des particuliers qui ont, sur la propriété indivise, des droits égaux, le mode à suivre est bien simple; il suffit de faire, du bien à partager, autant de lots, de valeur égale, qu'il y a de copartageants. Mais lorsqu'il s'agit de biens à partager entre communes ou sections, la question se complique. Sans doute, le principe est le même dans les deux cas; il doit toujours être fait autant de parts équivalentes qu'il y a d'ayants droit. Mais quels seront ces ayants droit? Une commune n'est pas un corps simple; c'est une agrégation d'individus et de familles. Quel sera donc, dans le cas dont il s'agit, le chiffre qu'on prendra comme diviseur. Sera-ce le nombre des communes ou des sections copartageantes, le nombre de leurs habitants ou celui des chefs de familles? Pour résoudre ces questions, il faut examiner les titres.

Si, par exemple, les titres constatent que l'une des communes ou des sections est *propriétaire de la moitié des biens indivis*, cette moitié devra lui être attribuée dans le partage, sans égard au chiffre de sa population. Ici, c'est la commune ou la section, considérée comme corps moral ou comme *unité*, qui est *propriétaire de la moitié des biens indivis*. Tout mode de partage qui ne lui attribuerait pas cette part s'écarterait donc de la justice.

Mais, en l'absence de titres, il n'en est pas ainsi. Tout semble indiquer, alors, que les communes copropriétaires formaient, dans l'origine, une seule commune, et que, lors de leur séparation, elles sont convenues entre elles de continuer à jouir des terrains communaux comme elles en jouissaient auparavant, c'est-à-dire que *toutes les familles composant l'ensemble des communes copriétaires, continueraient à participer également à la jouissance des propriétés indivises*. Ce pacte exprès ou tacite serait donc violé, si, dans le partage, on prenait une autre base. Tel était aussi l'usage qu'on suivait en France, avant 1789, en vertu des édits de 1762 et de 1774. Le décret du 10 juin 1793 s'écarta de cette règle en ordonnant que le partage des biens communaux indivis entre plusieurs communes se ferait *par têtes d'habitants de tout âge et de tout sexe*. L'arrêté des consuls du 19 frim. an X décida aussi que le partage des coupes affouagères se ferait par *têtes d'habitants;* mais on ne tarda pas à revenir aux anciens principes. C'est ce qui résulte d'un décret du 20 juin 1806; d'un avis du conseil d'Etat, du 20 juill. 1807; d'un autre décret du 2 févr. 1808, et surtout d'un avis du conseil d'Etat, du 26 avril 1808, lequel contient cette conclusion remarquable :

« Est d'avis que les *principes* de l'arrêté du 19 frim. an X » ont été modifiés par les décrets postérieurs, et que l'avis » du 20 juill. 1807 *est applicable au partage des bois, comme* » *à celui de* TOUS AUTRES BIENS DONT LES COMMUNES VEULENT » FAIRE CESSER L'INDIVISION; qu'en *conséquence les partages* » *se feront par* FEUX, *c'est-à-dire par* CHEFS DE FAMILLE AYANT » DOMICILE ; » ce qui s'entend à la fois des *gens mariés* et des *garçons ayant ménage ou* FEU *particulier*. — Ces principes ont été consacrés par de nombreux arrêts.

Ainsi, les biens indivis entre deux communes doivent, *en l'absence de titres*, être partagés *par feux et non par moitié*, lors même que, dans les matrices cadastrales et aux rôles des contributions ils seraient désignés comme appartenant *par moitié* à chacune des communes. (Cass., 7 août 1849). La raison en est que des matrices cadastrales et des rôles de contributions ne sont pas des titres qu'on puisse opposer à la partie hors de la présence de laquelle ils ont été faits.

Mais, par contre, la règle d'après laquelle les biens indivis entre des communes doivent être partagés par *feux*, ne fait pas obstacle à ce que les droits respectifs de ces communes soient autrement déterminés *d'après les titres produits, les faits de jouissance et de possession respectives ou des présomptions graves, précises et concordantes.* (Avis C. d'Et. 20 juill. 1807, 26 avril 1808 ; Cass., 15 avril, 13 mai 1840; 21 janv. 1852.)

Ainsi, lorsque, *des titres ou de la possession immémoriale*, il résulte qu'une commune a eu les 4/5e des produits et du fond d'un bois indivis entre elle et une autre commune, les tribunaux peuvent, d'après cette base, faire entre elles le partage sans avoir égard au nombre de feux dont ces communes sont composées. (Cass., 26 août 1816.)

— Ainsi encore lorsqu'il est reconnu que, *de temps immémorial*, l'une des communes copartageantes jouit du droit de faire pâturer ses bestiaux, *pendant toute la journée*, sur un marais indivis, tandis que l'autre commune ne faisait pâturer les siens que *pendant la matinée*, les tribunaux peuvent arrêter le partage d'après cette base, et attribuer à la première les deux tiers de la propriété, et le tiers seulement à la seconde. (Cass., 19 juillet 1820.)— L'avis du C. d'Etat du 20 juillet 1807 ne peut non plus être appliqué à un partage qui aurait été fait antérieurement par portions égales. (Cass., 29 mars 1833.)

Il n'est pas absolument indispensable que le partage des biens immeubles, possédés indivisément par des sections que l'on sépare, soit toujours opéré en même temps que leur séparation ; car il peut y avoir des cas où le maintien de l'indivision soit préférable dans l'intérêt des deux parties; mais elles devront être mises en demeure d'exprimer leurs intentions à cet égard, et si elles s'accordent pour demander le partage, l'instruction aura lieu conformément aux règles indiquées, *suprà*, nos 73 et suiv.

Mais alors peut naître une difficulté, celle de savoir si le partage des biens indivis doit s'effectuer suivant le nombre de feux existant dans les deux communes, au moment où *leur érection en communes distinctes* a opéré, *en droit*, la division des biens qui leur appartenaient en commun ; ou bien suivant le nombre de feux qui se trouvent dans les deux communes, au moment où le partage de leurs biens est prononcé, *en fait*, par une décision judiciaire.

Nous pensons que, quelle que soit l'époque à laquelle remonte la séparation officielle des deux communes, ce sera le nombre des feux existant à cette époque, dans chacune d'elles, qu'on devra prendre pour base du partage de leurs biens jusque-là indivis. C'est, en effet, au moment même où les sections auparavant réunies se sont trouvées, par l'effet d'une décision du pouvoir compétent, érigées en communes distinctes, que leurs droits respectifs de propriété sur les biens qu'elles possédaient indivisément ont été ouverts. Un arrêt de la C. de Cass., du 13 juill. 1841, paraît, au premier coup d'œil, contraire à cette doctrine ; mais il n'en est rien. Il suffit, pour s'en convaincre, d'examiner l'espèce dans laquelle cet arrêt a été rendu ; la voici. La commune d'Illhauseren avait longtemps formé une section de celle de Guémar avec laquelle elle possédait un terrain communal, en nature de bois et de pâturage, appelé la Gemein-Marck. A partir de 1792, la section d'Illhauseren s'était administrée comme une municipalité distincte ; mais cette circonstance n'avait pas empêché la continuation *de fait* d'une communauté de jouissance sur la Gemein-Marck. Ce ne fut qu'en 1833, et par ord. roy. du 18 mai de cette même année, qu'Illhauseren, *jusque-là qualifiée de section de commune*, obtint une banlieue propre et distincte, et que sa séparation absolue de Guémar fut effectuée.— En 1836, le maire d'Illhauseren intenta une action en partage de ce communal. Un jugement du Trib. de Colmar accueillit cette demande et décida que le partage se ferait par *feux*, mais sans fixer l'époque qui devrait être prise pour point de départ pour faire le dénombrement de ces feux. — La commune de Guémar interjette appel de ce jugement, et demande que les bases du partage soient déterminées *d'après le nombre des feux existant en*

1792, *époque de la séparation des deux communes.* Voici les motifs invoqués à l'appui de ses conclusions :

L'art. 1872 C. civ. rend applicables aux associés en général les règles concernant le *partage des successions*. Or, aux termes des art. 815 et suiv. qui régissent cette matière, les droits des copartageants sont définitivement fixés aussitôt que le partage a pu être demandé, nonobstant toutes jouissances contraires en commun ou séparément. — Il suit de là que, quand la société prend fin par une demande en partage, les droits des copartageants ne remontent pas au delà de cette demande ; *mais si la demande en partage est, au contraire, la conséquence de la dissolution antérieure de la société, le partage remonte à l'époque de cette dissolution qui a eu pour effet d'ouvrir et d'arrêter définitivement les droits individuels des associés entre eux.* — De ces principes, qui gouvernent les sociétés communales, comme toutes autres associations, la commune tirait cette conséquence que le partage par feux devait remonter à l'année 1792, époque de la séparation administrative des deux communes, la continuation qui s'était opérée *de fait*, entre elles, d'une continuation d'intérêts, postérieurement à cette séparation, ne pouvant prévaloir sur les conséquences *légales* de la dissolution *légale* de leur société.

Ces raisons étaient parfaitement juridiques, et l'arrêt de la Cour de Cass. précité les a laissées parfaitement intactes. En effet, la Cour de Colmar, par un arrêt du 31 juill. 1839, décida, sur l'appel de la commune de Guémar, que les experts devraient consulter le nombre des feux existant dans les deux communes, *à la date du* 18 *mai* 1833, *parce que c'était à cette dernière époque seulement que la séparation des deux communes avait été prononcée dans les formes* légales, leur disjonction antérieure n'ayant eu lieu que sous quelques rapports politiques et administratifs. La commune de Guémar se pourvut en cassation, mais son pourvoi fut rejeté par un arrêt de la Ch. des req., du 13 juill. 1841, ainsi conçu :

« Considérant que pour régler les droits des deux communes sur la Gemein-Mark, l'arrêt attaqué *constate en fait, que les deux communes qui n'en formaient auparavant qu'une, n'ont été réellement et de fait séparées, pour en former deux, que par l'ord. roy. de* 1833 ; — Que, jusqu'à cette époque, elles avaient constamment joui en commun de la Gemein-

Mark, payé les impots, supporté proportionnellement les charges, qu'elles avaient eu le même pâtis ; — Qu'ainsi l'arrêt n'a pas violé les articles de loi invoqués ; — Rejette. »

Cet arrêt confirme donc, de tout point, la doctrine que nous avons émise.

— Lorsque, dans un partage de biens communaux indivis entre des communes, aucune d'elles ne présente des titres desquels on puisse induire son droit à une part déterminée de ces biens, peuvent-elles, d'un commun accord, adopter pour le partage un autre mode que celui *par feux?* — Oui, sans doute ; mais alors il se forme entre elles une véritable *transaction*, pour la validité de laquelle on doit avoir recours aux formalités prescrites pour ces sortes d'actes.

Voici les principes qui régissent les transactions dans lesquelles une commune est intéressée.

« La transaction est un contrat par lequel les parties terminent une contestation née, ou préviennent une contestation à naître. — Pour transiger, il faut avoir la capacité de disposer des objets compris dans la transaction. — Les communes ne peuvent transiger qu'avec une *autorisation expresse*. » (C. Nap., art 2044, 2045.)

Les formalités à remplir, par les communes, pour obtenir l'autorisation dont il vient d'être parlé, sont réglées par un arrêté du 21 frim. an XII, dont l'art. 1er est ainsi conçu :

« Dans tous les procès nés ou à naître, qui auraient lieu entre des communes et des particuliers, sur *des droits de propriété*, les communes ne pourront transiger qu'après une délibération du conseil municipal, prise sur la consultation de trois jurisconsultes désignés par le préfet du département, et sur l'autorisation de ce même préfet, donnée sur l'avis du conseil de préfecture. »

La consultation préalable de trois jurisconsultes est regardée comme tellement nécessaire, que son absence serait un motif suffisant, pour le Gouvernement, de refuser l'homologation de la transaction. (C. d'Etat, 18 janvier 1813.)

Aux termes de l'art. 2 de l'arrêté précité, la transaction, pour être définitivement valable, devait être homologuée par un arrêté du Gouvernement rendu dans la forme prescrite pour les règlements d'administration publique.

D'après l'art. 59 de la loi du 18 juillet 1837, les délibérations des conseils municipaux ayant pour objet des transactions, avaient aussi besoin de l'homologation royale, s'il s'agissait d'*objets immobiliers*, ou *d'objets mobiliers d'une valeur supérieure à* 3,000 fr.

Mais aujourd'hui, aux termes du décret du 25 mars 1852, (tableau A, n° 43), il suffit d'un arrêté préfectoral pour autoriser les transactions consenties par les communes *sur toute sorte de biens, quelle qu'en soit la valeur*. Il y a seulement lieu de remarquer que la loi du 18 juillet 1837 n'a pas abrogé l'arrêté du 21 frim. an XII, relativement aux formalités qui doivent précéder l'homologation des traités de cette nature. Ainsi l'instruction doit toujours comprendre une consultation de trois avocats et l'avis du conseil de préfecture.

La délibération qui doit être prise, par le conseil municipal, en cette circonstance, a beaucoup d'analogie avec celle dont nous avons donné la formule, *suprà*, n° 19, sauf que l'adjonction des plus fort imposés n'est point nécessaire.

— S'il s'agissait d'opérer, par la voie de la transaction, un partage de biens appartenant, par indivis, à deux sections de la même commune, un double de l'acte public qui aurait été passé entre elles, soit avant, soit après l'approbation préfectorale, ne pourrait être gardé par chacune d'elles; car les deux sections n'auraient à leur disposition qu'un dépôt unique, les archives de la mairie; il serait, dans ce cas, de l'intérêt des deux sections que la transaction par elles consentie restât déposée chez un notaire.

— Sur quelles bases doit-on faire le partage d'un marais communal, indivis entre deux communes? — Doit-il être fait par moitié? Chaque commune doit-elle recevoir ce qui se trouve enclavé dans ses limites? — Le partage doit-il être réglé d'après le nombre de feux existant dans chacune des communes qui jouissent du marais, ou enfin d'après le nombre de têtes de bestiaux qu'elles y envoient en pâturage?

Ce sont les titres, s'il y en a, qui doivent servir de base au pâturage. A défaut de titres, ce sont les circonstances. C'est alors, en effet, dans les actes de possession et dans la notoriété publique qu'il faut rechercher les éléments de la décision à prendre.

Si, donc, il est généralement reconnu que les deux communes avaient la faculté d'envoyer au pâturage, dans le marais, un égal nombre de têtes de bestiaux, le droit de chacune d'elles, dans le partage, sera évidemment égal, sans qu'il y ait lieu de s'enquérir dans quelle proportion le droit aura été exercé. S'il est, au contraire, constaté que l'une des communes usagères a un droit plus étendu que l'autre, si une proportion quelconque doit être suivie dans l'exercice du droit, c'est cette proportion qu'il faut prendre pour point de départ; mais on ne doit agir ainsi, qu'autant qu'il est bien établi que celle des communes qui envoyait un nombre moindre de bestiaux au pâturage, aurait eu la faculté d'en envoyer un nombre égal à celui de l'autre commune, sans que celle-ci pût s'y opposer. Une restriction dans l'exercice du droit peut seule autoriser l'inégalité dans le partage. L'égalité de partage, au contraire, est une conséquence nécessaire du droit égal ou illimité des communes usagères.

Peu importe, d'ailleurs, que le marais dont les communes jouissent par indivis, s'étende plus ou moins sur le territoire de l'une ou de l'autre. Jusqu'à ce que le partage soit opéré, la totalité de l'objet possédé et chacune de ses parties appartiennent également aux ayants droit.

On ne peut pas davantage prendre en considération le nombre de feux dont se compose chaque commune. La commune la moins populeuse a-t-elle ou non la faculté de conduire au pâturage une quantité égale de bestiaux? En cas d'affirmative, le partage doit être égal. Ce droit, au contraire, est-il subordonné à l'étendue des territoires, au nombre des populations respectives? Cette étendue, ce nombre, doivent être pris pour échelle d'appréciation.

On ne doit, non plus, attacher aucune importance à ce fait que des hameaux dépendants de l'une des communes n'ont point pris part jusqu'à présent à la possession du marais possédé par indivis, si d'ailleurs le droit d'y prendre part ne peut leur être contesté.

— Lorsque, dans un acte de partage de biens communaux indivis entre deux communes, il a été fait réserve en faveur de l'une d'elles de certains arbres plantés sur les terrains partagés, avec faculté de les remplacer, cette réserve ne peut être étendue au terrain même. (C. d'Etat, 14 août 1822.)

SECTION II.

Cas où les communes ne sont pas d'accord.

88. Lorsque les communes ou les sections copropriétaires

ne sont pas d'accord sur le partage de leurs biens indivis, les contestations qui s'élèvent entre elles à ce sujet peuvent porter sur quatre points distincts, savoir : 1° *La propriété ou la jouissance des biens à partager;* 2° *la légalité du partage ;* 3° *le mode suivant lequel le partage doit se faire ;* 4° *la manière dont il s'est effectué.* Nous allons examiner à quelles autorités il appartient de statuer sur chacune de ces éventualités.

89. CONTESTATIONS SUR LA PROPRIÉTÉ OU LA JOUISSANCE DES BIENS A PARTAGER. *Compétence exclusive de l'autorité judiciaire.* — Lorsque les communes ou sections copartageantes ne sont pas d'accord *sur leurs droits respectifs de propriété ou de jouissance*, ce qui arrive, par exemple, si l'une d'elles, quoique composée d'un nombre inférieur de *feux*, prétend, d'après ses titres, avoir une part égale à celle des autres ; ou bien si l'une d'elles prétend que telle autre n'est qu'*usagère*, et n'a droit qu'à un *cantonnement* (V. *Code-formulaire des biens communaux*), le droit de statuer sur ces divers débats ne peut appartenir qu'aux tribunaux civils auxquels toutes les questions qui touchent à la propriété sont exclusivement dévolues. (C. d'Etat, 24 déc. 1810, 23 avril 1836, 25 janv. 1839, 18 déc. 1840, 7 août 1843, 20 juin 1844, 22 juin 1854 ; Cass., 24 avril 1833, 21 janvier 1852 ; Grenoble, 29 janv. 1819.)

Ainsi, encore, lorsqu'une section de commune, érigée en commune distincte, réclame des droits de propriété ou de jouissance sur les biens de la commune dont elle a été séparée, l'autorité judiciaire est seule compétente pour apprécier le mérite de cette réclamation. (C. d'Etat, 18 mai 1854.)

L'administration devrait s'abstenir de statuer sur des questions de cette nature, lors même que les tribunaux auraient renvoyé les communes à se pourvoir, à ce sujet, devant elle ; car il ne dépend pas des tribunaux civils d'abandonner leurs prérogatives, ni d'investir l'autorité administrative d'une compétence que la loi attribue à eux seuls. (Avis Com. int., 11 avril 1827.)

— La question de savoir si, d'après des titres anciens et la possession, des habitants ont droit à la propriété commune et indivise d'un terrain possédé par une commune, doit également être soumise aux tribunaux de première instance : — Si cette question se trouve préjugée par l'arrêté d'un préfet, le Ministre de l'Intérieur doit l'annuler et renvoyer les parties devant qui de droit. (C. d'Etat, 29 janv., 8 juin 1823.) — Il en est de même. lorsqu'une section de commune, érigée en commune distincte, réclame, après sa séparation, des droits de propriété ou de jouissance sur les biens de la commune dont elle a été distraite. Le droit d'apprécier le mérite de cette réclamation ne peut appartenir qu'à l'autorité judiciaire.

90. *Restrictions à cette règle.* Toutefois, si l'autorité judiciaire est exclusivement compétente pour statuer sur les question de *propriété* qui peuvent s'élever à l'occasion d'un partage de biens indivis entre plusieurs communes ou sections, il n'appartient qu'à l'autorité administrative, une fois ces questions vidées, de régler le mode suivant lequel auront lieu les *opérations du partage*, et de statuer sur toutes les difficultés que ces opérations pourront soulever. (C. d'Etat, 2 mai 1850 ; Cass. 27 janv. 1851, 21 janv. 1852.)

Lors donc que l'autorité judiciaire reconnaît la justice de la réclamation portée devant elle pour faire cesser l'indivision, et décide, en conséquence. *qu'il y a lieu à partage* entre les deux communes, cette décision épuise son droit. Les communes contendantes doivent, pour tout ce qui concerne le partage à opérer entre elles, être renvoyées devant le préfet. (C. d'Etat, 18 mai 1854.)

91. *Répartition des sommes qui, au moment de la séparation. étaient disponibles dans la caisse communale.* Si, au lieu d'un partage de biens immeubles, il s'agissait d'opérer entre les deux communes aujourd'hui séparées, la répartition des sommes qui se trouvaient disponibles dans la caisse communale au moment de leur séparation, ni l'autorité judiciaire, ni le préfet ne seraient compétents pour connaître de cette répartition. Aux termes de l'art. 7 de la loi du 18 juill. 1837, elle devrait être réglée, soit dans la loi, soit dans le décret prononcant la séparation, ou, à défaut de l'une et de l'autre. par un acte du Chef du pouvoir exécutif ultérieurement rendu sur le rapport du Ministre de l'Intérieur. (C. d'Etat, 18 mai 1854, *Comm. de Catillon et de la Groise.*)

92. *Indemnités quant aux édifices servant à usage public.* D'un autre côté, l'autorité judiciaire est incompétente pour régler l'*indemnité* qui peut être due à une section distraite de la commune dont elle faisait partie, par suite de la mesure qui la prive de la jouissance des *édifices communaux servant*

à usage public, et, dès lors, soustraits au partage. (V. *suprà*, n° 56.)

Le seul titre qu'une commune ou section puisse faire valoir, pour obtenir une telle indemnité, repose toujours, en effet, sur les conditions expresses, ou tacites de la séparation qui a été prononcée ; en d'autres termes, son droit repose sur une mesure administrative, et, dès lors, l'autorité qui a pris cette mesure peut seule l'interpréter et l'appliquer.

Le Trib. civ. d'Epinal avait méconnu cette règle en statuant, par un jugement du 25 nov. 1844, sur diverses contestations dont il avait été saisi, à l'occasion d'un partage de biens communaux à opérer entre la commune de Fontenoy-le-Château et celle de Trémonzey, par suite de la réunion, à cette dernière commune, de deux hameaux distraits de la première.

Le Tribunal avait reconnu au profit de ces hameaux un droit *certain*, pour divers objets, *éventuel*, pour d'autres, et avait ainsi empiété sur les attributions de l'autorité administrative, seule compétente pour statuer sur *les effets des actes administratifs portant changement de circonscriptions territoriales*. — La Cour de Nancy, par un arrêt du 9 juillet 1846, avait adopté les motifs de ce jugement et l'avait confirmé. — Sur le pourvoi de la commune de Fontenoy, la Ch. civ. de la C. de Cass., par un arrêt du 27 janv. 1851, statua ainsi :

« Vu les art. 5, sect. I, et 1, sect. V, de la loi du 10 juin 1793 ; — Vu la loi du 16 fruct. an III ; — Attendu que, par arrêté du préfet des Vosges, en date du 12 août 1824, les hameaux du Haut-du-Mont et des Tremeurs ont été distraits de la commune de Fontenoy et incorporés à la commune de Trémonzey ; — Attendu que, pour décider à qui, de la commune de Fontenoy ou des hameaux distraits, appartenait, soit intégralement, soit en partie, la propriété de certains biens, tels que bois, forêts, pâtis communaux, tels aussi que les créances, rentes, cens, argent comptant et autres valeurs mobilières isolées, l'autorité judiciaire était compétente, puisque c'est à elle seule à statuer sur les questions de propriété ; — Attendu qu'il n'en peut pas être de même relativement aux édifices et autres immeubles servant à usage public ; qu'aux termes de l'art. 5, sect. I, de la loi du 10 juin 1793, ces objets sont exceptés de tout partage ; que, par leur nature, ils ne peuvent donner lieu à aucun litige sur l'attribution de propriété ; qu'en effet, ils demeurent nécessairement la propriété de la commune sur le territoire de laquelle ils se trouvent situés ; que, lorsque, par l'effet du changement de circonscription territoriale, une section de commune cesse d'en avoir l'usage, la section ainsi devenue étrangère à la commune sur le territoire de laquelle les immeubles sont situés ne peut prétendre, s'il y a lieu, qu'à des indemnités représentatives du la privation de jouissance qui résulterait du changement de circonscription, et qui l'exclurait de tout ou de partie de ces immeubles ; — Attendu que le règlement de telles indemnités constitue, non un jugement sur des questions de propriété, mais l'appréciation et la détermination des conditions expresses ou tacites moyennant lesquelles un changement a été opéré entre deux circonscriptions communales ; et qu'il n'appartient qu'à l'autorité administrative, appréciatrice et interprète des actes administratifs, de statuer sur les difficultés qui peuvent s'élever à cet égard ; — Attendu qu'aux termes de l'art. 1er, sect. V, de la loi du 10 juin 1793, c'est également à l'autorité administrative qu'est dévolu le droit de statuer sur les opérations et contestations relatives au mode de partage de biens entre les communes ; — Attendu qu'en décidant que les hameaux distraits conserveront un droit certain d'indemnité à l'égard des bâtiments, meubles et propriétés appartenant à l'hospice et au bureau de bienfaisance, et un droit éventuel à l'égard des maisons commune et d'école et de leurs dépendances, ainsi que des pompes à incendie et leurs accessoires, l'arrêt attaqué a excédé sa compétence et violé les lois précitées ;— Casse, etc. »

Ainsi, en ordonnant le partage par voie de tirage au sort, en nommant des experts pour procéder à la formation des lots, et en renvoyant les parties devant un tribunal de première instance pour les opérations du partage, une Cour d'appel dépasserait les bornes de sa compétence. — Ce moyen, qui intéresse l'ordre des juridictions, est d'ordre public et peut être invoqué pour la première fois devant la C. de cassation ; la Cour, saisie des questions relatives au partage entre les communes, doit le suppléer d'office. (Cass. 21 janv. 1852.)

Il faut bien, toutefois, observer que les mesures ordonnées par l'autorité administrative pour faire procéder au partage, laissent toujours saufs les droits de propriété que les parties peuvent respectivement invoquer, et ne peuvent jamais avoir pour effet d'y porter atteinte. Par conséquent, le décret qui autorise un partage de biens indivis entre deux communes n'est qu'un acte de tutelle administrative qui ne fait pas obstacle à ce que la commune qui se prétendrait lésée par le mode de partage adopté, porte devant l'autorité compétente ses réclamations, à l'effet d'obtenir, soit l'annulation des actes de l'instruction, soit la modification des bases du partage. —

Dès lors ce décret ne peut être attaqué devant le C. d'Etat, par la voie contentieuse. (C. d'Etat, 22 juin 1854.)

93. *Toute contestation sur la propriété, exigeant l'intervention de l'autorité judiciaire, entraîne la nécessité de l'autorisation du conseil de préfecture.* Lorsque, par suite de contestations qui soulèvent des questions de propriété, des communes ou sections sont renvoyées, pour les faire juger, devant l'autorité judiciaire, ont-elles, pour pouvoir y comparaître, besoin de l'autorisation du conseil de préfecture? L'affirmative sur cette question ne nous paraît pas un instant douteuse. La loi du 18 juill. 1837, art. 49 porte, il est vrai : « Nulle commune ou section de commune ne peut *introduire* une action en justice sans être autorisée par le conseil de préfecture; » ce qui pourrait porter à penser qu'une semblable autorisation n'est pas nécessaire à la commune ou à la section, lorsque, au lieu d'*introduire une action en justice*, elle veut simplement *y défendre ;* mais cette distinction n'a jamais été admise. Une commune, en effet, pourrait quelquefois se montrer aussi téméraire, en défendant à une action évidemment juste, qu'en intentant une action injuste. Il y a, dans l'un et l'autre cas, le même intérêt *à l'empêcher d'ester en justice.* Tel est précisément le but que le législateur a voulu atteindre. Nous nous bornerons ici à ce simple aperçu. Tout ce qui concerne les *procès des communes* sera traité dans le *Code-formulaire des Attributions des Conseils municipaux*.

94. *En quoi doit consister la décision du tribunal civil.* Le tribunal devant lequel les communes sont renvoyées examine leurs titres respectifs et statue sur la question de propriété qui lui est soumise. C'est là tout ce qui constitue sa mission. Dès qu'il l'a remplie, il renvoie les parties devant l'administration, afin que celle-ci procède au partage suivant les règles indiquées ci-dessus, n°s 74 à 87.

95. *Cas où le partage n'est pas nécessaire.* Il peut arriver toutefois que cette dernière opération ne soit pas nécessaire; si, par exemple, l'une des communes est seule propriétaire, et si l'autre étant simplement *usagère* n'a droit qu'à un *cantonnement* [1]; ou bien encore si toutes les parties sont jugées

[1] Le cantonnement consiste à convertir un droit d'usage sur un canton dont l'étendue excède les besoins de l'usager, en un droit de propriété sur

avoir des parts *déterminées d'après leurs titres, sans égard au nombre de feux* existant dans chacune d'elles. Il est évident que le renvoi devant l'administration n'est point alors nécessaire, puisque l'exécution du partage dépend encore de l'*appréciation des titres* et des *droits de propriété*, ce qui rentre dans le domaine exclusif de l'autorité judiciaire.

96. *Résumé de la compétence des tribunaux civils.* En résumé, les tribunaux civils sont seuls compétents, tant qu'il s'agit d'approportionner, suivant les titres respectifs, les parts de chacune des communes ou des sections dans le partage ; mais lorsqu'il n'existe plus de contestation sur ce point, et qu'il n'y a plus lieu que d'effectuer le partage, sur les bases fixées judiciairement, les opérations à faire sont du ressort exclusif de l'autorité administrative.

97. Légalité de la mesure du partage. S'il y avait contestation entre les communes sur le point de savoir si la loi permet ou défend la mesure du partage, ce serait encore à l'autorité judiciaire seule qu'il appartiendrait de statuer, parce que la question à résoudre se rapporterait à des droits de propriété immobilière dont les tribunaux civils peuvent seuls connaître ; mais les tribunaux civils devraient ensuite réserver à l'autorité administrative le règlement de toutes les mesures à prendre pour effectuer le partage. (Grenoble, 24 juin 1849.)

98. Mode suivant lequel le partage doit se faire. Si le dissentiment ne repose que sur la *manière d'opérer le partage;* par exemple, sur la formation des lots, sur le point de savoir si ces lots seront tirés au sort, ou attribués par choix à chaque copartageant, comme ce sont là de pures *mesures d'exécution* dont les détails rentrent dans les attributions de l'autorité administrative, *le préfet est exclusivement compétent pour trancher toutes ces difficultés.* Ce point, d'ailleurs, était ainsi réglé par l'art. 1er, sect. v, du décret du 10 juin 1793, portant : « Les contestations qui pourront s'élever, *à raison du mode de partage entre les communes*, seront terminées, sur simples mémoires, *par le directoire du département.* Or, d'après l'art. 3 de la constitution du 28 pluv. an VIII, le préfet seul est aujourd'hui investi de toute

une partie de ce canton, proportionnée à ces mêmes besoins. — V. *Code-Formulaire des biens communaux.*

la partie *exécutive* de l'administration départementale que les constitutions antérieures confiaient à des administrations collectives, appelées *directoires*.

99. 4° *Réclamations sur la manière dont le partage s'est effectué.* Le droit de statuer sur ces réclamations est attribué aux conseils de préfecture, en vertu de nombreux arrêts du Conseil d'Etat, de la Cour de Cassation et des Cours impériales, par suite de l'assimilation qu'on a faite entre les *partages de biens communaux entre citoyens*, conformément à la loi du 10 juin 1793, et les *partages de biens indivis entre communes ou sections.* L'art. 6 de la loi du 9 vent. an XII porte, en effet, que *toutes les contestations relatives à l'occupation de biens communaux, qui pourront s'élever entre les copartageants* desdits biens, etc., *seront jugées par les conseils de préfecture.* (C. d'Etat, 5 déc. 1837, *Ronceux* et *Neufchateau* ; 3 février 1843, *Harprich et Vallerange ;* 17 mai 1855, *Valergues*, *Saint-Geniès*, etc. ; — Cass., 21 janv., 1852 ; Pau, 30 janvier 1854.) — Telle est également la doctrine admise, par M. le Ministre de l'Intérieur, dans son instruction générale du 5 mai 1852, relative à l'exécution du décret du 25 mars précédent sur la *décentralisation administrative.* Voici les termes de cette circulaire :

« Pour les partages de biens *entre communes*, l'administration doit les favoriser plutôt que les empêcher. L'indivision, en effet, est une source d'embarras et de difficultés ; elle encourage les usurpations et peut, dès lors, compromettre gravement les intérêts des copropriétaires. Il importe, d'ailleurs, d'éviter autant que possible, dans la composition des lots, de trop fortes compensations en argent. Suivant la jurisprudence constante de l'administration, *le préfet est exclusivement compétent pour trancher, entre les parties, les difficultés relatives aux opérations purement matérielles du partage, telles que celles qui consistent, par exemple, dans la nomination des experts, la formation des parts à distribuer et le tirage des lots au sort.* Lorsqu'il s'agit, au contraire, d'une contestation *sur le mode même du partage, elle ne peut être vidée que par le conseil de préfecture, sauf recours au Conseil d'Etat.* »

100. *Application des règles qui précèdent.* Comme on vient de le voir, le préfet seul est compétent pour prononcer *d'avance* sur tout ce qui se rattache au *mode de partage*, le conseil de préfecture ne peut connaître que des *réclamations qui* *s'élèvent sur un partage déjà opéré en vertu des décisions préfectorales.* Cette règle avait été méconnu dans l'espèce suivante :

Sept communes de l'arrondissement de Saint-Claude (Jura) possédaient, par indivis, des forêts et des tourbières fort étendues. Voulant sortir de l'indivision et n'étant pas d'accord sur les bases du partage, elles saisirent de leur différend l'autorité judiciaire. Le tribunal de Saint-Claude, par un jugement du 29 mars 1833, et, sur l'appel, la Cour de Besançon, par un arrêt du 17 avril 1834, ordonnèrent le partage, *d'après le nombre des feux*, renvoyant à l'autorité administrative compétente le soin de procéder à *l'opération matérielle du partage.* — Conformément à ces décisions, des experts furent nommés pour composer les lots d'après les bases prescrites. Les experts, dans un rapport du 27 février 1843, présentèrent trois combinaisons ou systèmes de partage, parmi lesquels l'autorité administrative et les communes auraient à choisir. — *Les communes ne pouvant s'entendre sur le choix, la difficulté fut soumise au conseil de préfecture, et ce conseil, par un arrêté du 16 nov. 1843, adopta l'un des systèmes proposés par les experts, en déterminant le mode de paiement des soultes.*—Deux des communes, celle de Rivière-Devant, et de Grande-Rivière attaquèrent cet arrêté, devant le Conseil d'État, *pour cause d'incompétence et d'excès de pouvoirs :* — « Attendu que les bases du partage ayant été souverainement posées par l'autorité judiciaire, et ne s'agissant plus, dès lors, que de l'exécution matérielle du partage, *il n'appartenait qu'au préfet, seul chargé de l'administration, aux termes de l'art. 3 de la loi du 28 pluv. an* VIII, *et* COMME REMPLAÇANT LE DIRECTOIRE DU DÉPARTEMENT, *auquel l'art* 1, *section* V, *du décret du 10 juin 1793 confiait le soin de terminer les contestations* RELATIVES AU MODE DE PARTAGE DES BIENS COMMUNAUX, *de consommer le partage dans l'espèce.* »

Trois autres communes, celles du Lac-des-Rouges-Truites, de Saint-Pierre et de la Chaumusse, défendirent au pourvoi. « Sans doute, dirent-elles, lorsqu'aucune contestation ne s'élève, lorsque le partage ayant été légalement ordonné et les droits définitivement fixés, *il y a accord sur la formation des lots et sur toutes les opérations accessoires, le tirage au sort ou l'attribution des lots à chaque partie, n'est qu'un acte d'administration dévolu au préfet; — Mais lorsque*, comme dans l'espèce, *des contestations surgissent, il faut bien qu'elles soient posées, soit devant l'autorité judiciaire, soit devant les tribunaux administratifs chargés du contentieux. — Ici le préfet, en nommant des experts et en déterminant le nombre des feux dans chaque commune, a fait tout ce qui était de son ressort;* LE CONSEIL DE PRÉFECTURE N'EST INTERVENU QUE POUR LA SOLUTION DES QUESTIONS CONTENTIEUSES; *il a donc agi dans les limites de sa compétence.* »

Mais ce système fut repoussé par l'arrêt suivant du Conseil d'Etat en date du 26 août 1848 :

« Vu la loi du 18 juill. 1837, art. 19, 20 et 46; — Considérant que par le jugement du tribunal de St-Claude et l'arrêt de la Cour d'appel de Besançon du 17 avril 1834, les droits respectifs des communes, relativement aux bois et tourbières à partager, ont été définitivement fixés et les parties renvoyées devant l'autorité administrative compétente pour être procédé à l'exécution matérielle du partage et aux opérations qui s'y rattachent; — Qu'aux termes des articles ci-dessus visés de la loi du 18 juill. 1837, il doit être statué, *par acte du pouvoir exécutif*, sur les délibérations des conseils municipaux ayant pour cause le partage des biens indivis, lorsqu'il s'agit d'une valeur supérieure à 3,000 ou 20,000 fr., selon le revenu des communes [1]. — Considérant que, dans l'espèce, il s'agissait, dans chaque commune d'une valeur supérieure à 20,000 fr. — Que, dès lors, les délibérations prises par les conseils municipaux, *relativement à la formation et à l'attribution des lots proposés par les experts, devaient être soumises à l'autorité administrative supérieure*, conformément à la loi du 18 juill. 1837; — *L'arrêté du conseil de préfecture du Jura, du 16 novembre 1843, est annulé; — Les parties sont renvoyées* DEVANT LE MINISTRE DE L'INTÉRIEUR, etc.

Les parties au lieu d'être renvoyées devant le Ministre de l'Intérieur, aux termes de l'art. 46 de la loi du 18 juill. 1837, par suite du chiffre de la valeur du litige, seraient aujourd'hui renvoyées devant le Préfet, conformément aux prescriptions du décret du 25 mars 1852, tableau A, n° 14; mais la compétence de l'autorité *exécutive, à l'exclusion des tribunaux administratifs chargés du contentieux*, n'en est pas moins établie, dans l'arrêt qui précède, de la manière la plus positive, lorsqu'il s'agit des mesures à prendre *antérieurement au partage.*

Voilà les principes. Examinons maintenant l'application qu'on doit en faire.

[1]. Cette distinction n'existe plus aujourd'hui, ainsi que nous l'avons dit, *suprà*, n° 87, p. 75, en vertu du décret sur la *décentralisation administrative.*

101. *Biens dont la nature communale est incertaine.*—Des difficultés s'élèvent souvent dans la pratique sur le point de savoir si des immeubles possédés, de temps immémorial, en commun, par une certaine agglomération d'habitants, et dont ils veulent faire cesser l'indivision, constituent une *propriété communale* ou simplement une *propriété privée et indivise.* Il importe cependant de bien reconnaître, dès le principe, le vrai caractère de ces biens; car, suivant qu'ils seront communaux ou privés, le droit d'en régler le partage sera dans les attributions de l'autorité administrative ou des tribunaux civils. Celle des deux autorités qui aura été saisie la première de la demande en partage devra donc vérifier avec le plus grand soin les titres de propriété respectivement produits par les parties; consulter le cadastre qui a été fait de ces biens à des époques plus ou moins anciennes, et les rôles des contributions où ils sont inscrits; examiner enfin si les droits aux immeubles dont il s'agit ont été, en quelques circonstances, l'objet de ventes, d'échanges, de partages, de baux ou d'autres actes. Un jugement rendu par le Trib. civ. de Rodez, le 8 janv 1850, renferme un exposé complet, en même temps qu'une excellente application, des principes qui régissent cette matière si usuelle et si importante dans les contrées méridionales de la France. Voici le texte de ce jugement :

« Attendu qu'il importe avant tout de se fixer sur la question de savoir si les immeubles dont le partage a été demandé dans l'ajournement du 14 avril 1843, forment une propriété privée et indivise, ou une propriété communale, puisque, dans cette dernière hypothèse, le tribunal serait incompétent pour en ordonner le partage ;

» Attendu sur cette question qu'il résulte des reconnaissances seigneuriales, en date du 5 juin 1585, 1534 et 4 mars 1736, que certains habitants d'Espinassettes et d'autres villages voisins reconnaissent tenir d'abord du comte d'Armagnac, plus tard du roi de Navarre, devenu comte de Rodez, et enfin du roi de France après l'adjonction à la couronne du comté, l'entier *masage* d'Espinassettes, dépendant de la châtellenie de Camboulas, en emphythéose et perpétuelle pagésie moyennant certaines redevances; qu'il est même dit, dans le dernier de ces actes, que Laurent Coulonges et Marie Portal, quoique habitants dudit village d'Espinassettes, n'ont aucun droit sur les terres possédées en commun ;

» Que cette exclusion n'aurait aucune cause et n'aurait pu être faite s'il s'était agi de biens communaux ;

» Attendu que dans une reconnaissance générale, faite à la même époque par les consuls de la châtellenie de Camboulas, « ils déclarent n'avoir dans » leur branche aucuns pacages, *fraus* ou pâtus communs, mais seulement » avoir dans quelques endroits desdits villages, parmi lesquels se trouve ce» lui d'Espinassettes, des pâturages et pâtus communs, que lesdits manans » et habitans *chacun en droit soi et en particulier déclarent tenir de Sa Ma» jesté* ; »

» Attendu qu'on doit induire de ces diverses reconnaissances que les terres d'Espinassettes ont été dans le principe baillées en emphytéose à divers individus, qui ont fait le partage de quelques-unes et qui en ont laissé d'autres en état d'indivision pour en jouir en commun ;

» Que ce qui vient encore à l'appui de cette présomption sur l'origine de la propriété, c'est qu'on a toujours pris soin d'exclure de cette jouissance les habitants du village qui n'avaient pas droit et cause des premiers emphytéotes ;

» Qu'à la vérité les titres dont il vient d'être parlé ne sont pas produits en forme probante, mais que l'état matériel des cahiers dans lesquels ils se trouvent copiés ne permet pas d'élever des doutes sur leur existence et sur l'exactitude des copies ;

» Attendu que les demandeurs produisent le cadastre de 1494 ;

» Attendu que les tènements dont le partage est demandé y sont allivrés, sous le nom de *fraus mégiés,* qu'on indique même une inégalité dans les droits des divers co-tenanciers sur les fraus dits *Tampestat* et *Repàyro;* que, dans le langage du pays, la signification du mot *mégiés,* dérivant du mot latin *medius,* ne saurait s'appliquer à des propriétés communales ; que, ce qui prouve que le rédacteur du cadastre a parfaitement compris la signification du mot, c'est qu'il l'a employé en opposition avec les mots *fraus communs,* dont il s'est quelquefois servi, et que, dans le même article, il appelle *terro mugiciro,* une terre indivise entre plusieurs propriétaires ;

» Que sans doute le cadastre ne peut pas servir à lui seul de titre de propriété, mais qu'il faut reconnaître que les énonciations qu'il renferme sont d'une haute portée, lorsque surtout, comme dans l'espèce, sa confection remonte à des temps fort reculés, et que ces énonciations, d'ailleurs claires et non équivoques, se trouvent en harmonie complète avec les autres titres et documents anciens et avec la possession ;

» Attendu que s'il pouvait s'élever encore des doutes sur la nature des propriétés dont s'agit, ils seraient levés par le mode de jouissance dont elles ont été l'objet ;

» Qu'en effet, les impositions ont toujours été et sont encore payées en partie par portions inégales et sans rapport avec la valeur des propriétés des co-tenanciers ;

› Qu'il résulte des titres et documents produits, soit par les demandeurs, et dont des actes des 20 juillet 1544, 20 déc. 1630, 19 avril 1791, frim. an VII, et d'un rapport d'experts du 11 mars 1774, que les droits aux immeubles dont s'agit ont été, à diverses reprises et dans tous les temps, l'objet de ventes et d'échanges, de partages, de baux et de diverses transactions particulières ;

› Attendu que vainement, pour détruire les preuves irrésistibles qui résultent des documens ci-dessus rappelés, les défendeurs excipent du cadastre de 1669, d'un jugement du tribunal de district de Rodez, du 4 août 1792, d'une sentence bien antérieure, émanant du sénéchal ;

› Qu'en effet, les énonciations du cadastre de 1669, portant que les habitant d'Espinassettes *tiennent en commun* les fraus dont s'agit, impliquent tout aussi bien l'idée d'une propriété indivise que d'une propriété communale ;

› Que si l'on examine, soit la sentence du sénéchal, soit le jugement du Tribunal de district qui statuent dans deux espèces analogues, l'on voit qu'il s'agissait uniquement de décider la question de savoir si des étrangers au village d'Espinassettes pouvaient, par suite des ventes à eux consenties par des habitants dudit village, exercer sur les fraus un droit de dépaissance, ce qui était contesté par les habitants qui prétendaient que pour avoir ce droit il fallait résider réellement dans le village ;

› Qu'en supposant même (ce qui n'est pas) que les auteurs des parties au procès eussent alors prétendu que les biens dont s'agit étaient communaux, l'on ne pourrait pas tirer argument de cette circonstance contre les demandeurs, puisqu'ils auraient eu, à cette époque, intérêt commun avec les défendeurs, à proposer cette exception pour faire rejeter les prétentions de Caubel et autres ;

› Que les juges se plaçant dans l'hypothèse la plus défavorable audit Caubel l'ont maintenu dans son droit de dépaissance ; que c'est là tout ce qu'on peut induire des jugements, mais qu'on ne peut pas évidemment en déduire qu'il y a chose jugée sur la question qu'il s'agit d'apprécier en ce moment ;

› Attendu qu'il résulte des diverses considérations ci-dessus développées que les immeubles confrontés dans la citation sont une propriété privée indivise, et que dès lors, aux termes de l'art. 815 C. civ., le partage doit en être ordonné ;

› Par ces motifs, etc. ›

102. *Biens provenant de fondations charitables. — Droits de propriété. — Partage.* Lorsqu'une section de commune est érigée en commune séparée ou réunie à une autre commune, elle conserve sa part de propriété des biens provenant de fondations charitables faites en faveur des habitants de la commune dont elle dépendait.

En effet, les droits résultant d'anciennes fondations subsistent tant qu'ils n'ont pas été expressément abrogés par des lois postérieures, ou qu'ils ne sont pas devenus incompatibles avec les dispositions de ces lois. C'est ce qui a été reconnu par de nombreux arrêts des tribunaux administratifs et judiciaires. — Or, si ces droits sont inconstestables en faveur d'une section, tant qu'elle existe à l'état de simple portion d'une circonscription communale, en deviendront-ils, moins positifs parce que cette section aura été érigée en commune distincte? On ne saurait admettre une telle conclusion sans violer tous les principes. La propriété ne se modifie, ni ne s'anéantit par la division; elle ne fait que se diviser elle-même. Cette règle a été consacrée d'ailleurs, à l'égard des communes, par l'art. 6 de la loi du 18 juill. 1837, qui porte que la section de commune érigée en commune séparée ou réunie à une autre commune, emporte la propriété des biens qui lui appartiennent exclusivement.

Maintenant, de ce droit de propriété sur les biens dont il s'agit, résulte-t-il, pour la section érigée en commune, le droit d'en provoquer le partage. Cette question ne peut être résolue qu'affirmativement. Nous avons établi (*suprà*, n°s 71 et suiv.) qu'aux termes de l'art. 815 C. Nap., applicable aux communes comme aux particuliers, nul ne peut être contraint de demeurer dans l'indivision. La section érigée en commune a donc le droit de demander le partage des biens provenant de fondations charitables, dont elle avait la copropriété, et de revendiquer l'administration de la part proportionnelle revenant à ses pauvres. Ce principe s'applique à toute espèce de fondation; il s'appuie sur le droit commun; il est en harmonie, d'ailleurs, avec le système d'organisation municipale établi par la loi du 28 pluv. an VIII, lequel tend à circonscrire dans les limites de chaque commune l'administration de ses biens et de tous ses intérêts, en général. Aussi, de nombreux arrêts du Conseil d'État ont-ils autorisé des partages de cette nature et fixé à cet égard la jurisprudence administrative. Les tribunaux se sont prononcés dans le même sens, lorsqu'ils se sont trouvés saisis de la question, par suite de contestations entre des communes.

Quant aux formes à suivre pour ce partage, V. ce qui a été dit ci-dessus, n°s 73 et suiv.

Ainsi deux voies sont ouvertes aux parties intéressées : la voie administrative et la voie judiciaire. — Il ne peut être statué administrativement, c'est-à-dire par arrêté préfectoral (V. *suprà*, n° 85), que lorsque les communes ou sections propriétaires de biens indivis sont parfaitement d'accord sur les bases du partage. Pour que cette voie, qui est assurément la plus simple et la plus économique, puisse être suivie, il faut donc qu'on soumette à l'autorité administrative un projet de partage concerté à l'avance entre toutes les localités intéressées et qui concilie leurs convenances respectives. — Si elles ne peuvent parvenir à s'entendre, elles seront forcées de recourir aux tribunaux ordinaires qui, seuls, sont appelés à connaître des contestations sur les questions de propriété.

103. *Partage entre des communes ou des sections de communes et des particuliers.* Une propriété peut être indivise entre une commune ou section et un ou plusieurs particuliers. Lorsqu'il s'agit d'en opérer le partage, il faut suivre les règles du droit commun. Il y a pour cela des raisons générales et des règles spéciales. En premier lieu, toute demande en partage *où des particuliers ont des droits* à faire valoir, échappe nécessairement à l'action administrative qui ne statue jamais que sur des intérêts collectifs et jamais sur des questions de propriété. D'un autre côté, aux termes de l'art. 3, sect. v, du décret du 10 juin 1793, « tous les procès qui pouvaient s'élever entre des communes et des propriétaires, à raison de biens communaux ou patrimoniaux, pour droits, usages, *prétentions, ou autres réclamations généralement quelconques, devaient être vidés par la voie de l'arbitrage.* » Or, depuis la loi du 9 vent. an XII, la justice ordinaire a remplacé les arbitres en tout ce qui touche à des droits de propriété prétendus, par toutes personnes, *sur des biens partagés ou à partager.*

Ainsi, toutes les actions entre communes et particuliers, quant à un partage de biens indivis entre eux, doivent se suivre devant les tribunaux civils, comme en matière ordinaire, et l'on doit appliquer, en cette circonstance, les dispositions des art. 815 à 842 C. Nap.

V. C. d'État, 20 juill. 1807, 26 avril 1808, 25 août 1841, 3 févr. 1843, 7 août 1843, 28 janv. 1848, 22 juin 1854.— Cass., 20 juill. 1840, 27 janv. 1851, 21 janv. 1852, etc., etc.

CHAPITRE IV.

PARTAGE DES BOIS INDIVIS ENTRE COMMUNES, OU DES SECTIONS DE COMMUNES.

104. *Les communes, pas plus que les particuliers, ne peuvent être contraintes à rester dans l'indivision.*
105. *Quelles règles doit-on suivre pour le partage des bois indivis entre communes ou sections?*
106. *Silence du Code forestier sur ce point.*
107. *A défaut de titres contraires, le partage doit se faire par feux.*
108. *A quelle époque doit-on compter le nombre de feux?*
109. *Compétences respectives des autorités administrative et judiciaire.*

104. En principe, les communes propriétaires de bois indivis peuvent, comme les particuliers, se prévaloir des dispositions de l'art. 815 C. Nap. qui autorisent tout copropriétaire à faire cesser l'indivision. (V. *suprà*, n° 71.) En conséquence, l'art. 92 C. for., après ces mots : « La pro» priété d'un bois communal ne peut jamais donner lieu à » *partage entre les habitants,* » ajoute immédiatement : « Mais lorsque deux ou plusieurs communes possèdent un » bois, par indivis, chacune conserve le droit d'en provo» quer le partage. »

Cette opération, en effet, ne fait point alors sortir le fonds partagé du domaine communal, pour entrer dans le domaine privé, au détriment des générations futures de la commune ; c'est une simple attribution, à deux communautés distinctes, de ce qui revient légitimement à chacune, à la charge par elle de le conserver au même titre qu'elle l'a reçu.

Il suit de là que la *section* qui aurait été séparée d'une commune possédant un bois communal, aurait le droit d'en demander le partage. On a vu, en effet, *suprà*, n° 51, que la mesure administrative qui prononce une séparation n'apporte aucun changement aux droits de la portion distraite.

Le partage de bois indivis entre communes ou sections, n'a donc jamais souffert de difficultés. Il n'en est pas de même du mode à suivre pour l'opérer.

105. On peut, en effet, prendre pour base : 1° le nombre des communes copartageantes ; 2° l'étendue de chacune d'elles ; 3° le nombre de ménages ou de feux ; 4° le nombre d'habitants.

Le premier de ces modes avait, sous l'empire des lois antérieures à la révolution de 1789, obtenu la sanction de quelques arrêts (V. Dunod, *Tr. des prescript.*, p. 99); mais il était rarement suivi.

Le second, désigné sous la dénomination de partage *pro modo jugerum*, attribuait à chaque commune copartageante une part proportionnelle à l'étendue de son territoire. Ce système de distribution féodale, qui consistait à recevoir d'autant plus qu'on était déjà plus riche, était fréquemment pratiqué, surtout dans le ressort du Parlement de Rouen ; mais l'injustice d'un tel mode finit par le faire universellement réprouver.

Le partage par *feux*, c'est-à-dire par *chefs de famille, ou de ménage*, était celui qui avait obtenu, dans l'opinion publique, le plus de faveur. Des lettres patentes de 1777 et de 1779 le consacrèrent expressément pour la Flandre et l'Artois. Il fut aussi généralement adopté dans les autres provinces. Ce système a été enfin consacré par plusieurs dispositions réglementaires émanées du Conseil d'Etat, et par plusieurs décrets impériaux. (Avis, C. d'Etat, 20 juill. 1807, 28 avril 1808 ; décr. 20 juin 1806.)

Nous ne parlons pas du dernier système qui n'a été suivi que pendant une très-courte période, sous l'empire de la loi du 10 juin 1793, dont l'art. 1er, sect. II, portait : « Le partage des biens communaux sera fait *par tête d'habitant domicilié, de tout âge, de tout sexe, absent ou présent.* »

106. Le Code forestier garde le silence sur ces divers modes et n'en prescrit aucun. Ce Code porte bien, il est vrai, art. 105, que « s'il n'y a titre ou usage contraire, le partage des bois d'*affouage* se fera par *feux ;* mais il n'y a, entre cette sorte de partage et le premier, aucune espèce de similitude. La répartition de l'affouage entre les habitants ne porte que sur les *produits* des bois, tandis que c'est la *propriété du fonds* de ces mêmes bois qui se partage entre les communes copropriétaires, lorsqu'on fait cesser entre elles l'indivision.

107. A défaut d'une loi positive sur cet objet, on doit donc se conformer aux règles tracées par les avis précités du Conseil d'Etat, sous cette restriction, toutefois, qu'il n'existera point de *titres* contraires; car, lorsqu'il existe des titres, on doit toujours s'y conformer, attendu que les conventions légalement formées tiennent lieu de loi à ceux qui les ont faites et à leurs représentants. (C. Nap., 1134.)

Ainsi, en l'absence de titres, le fonds d'une forêt indivise, depuis un temps immémorial, entre deux communes, doit être partagé entre elles *par feux*, et non par moitié, alors même que, depuis ce temps immémorial, elles auraient joui des coupes de bois par portions égales. C'est ce que décide un arrêt de la Ch. civ. de la C. de cass., en date du 28 mai 1838, et conçu en ces termes :

« Attendu que la loi du 10 juin 1793 (art. 15, sect. II), en fixant le mode de partage des biens communaux indivis, avait déclaré que tout acte et usage contraire à ce mode serait regardé comme nul et de nul effet ; que ce mode était celui du partage par têtes ;

» Attendu que la loi du 19 brum. an II a expliqué que le mode de partage des communaux entre plusieurs communes qui ont joui, concurremment et sans titre, depuis trente ans, est le même que celui à suivre pour le partage entre les habitants d'une seule commune ;

» Attendu que, par deux avis du Conseil d'État des 20 juillet 1807 et 26 avril 1808, il a été décidé que le partage des biens communaux entre plusieurs communes, et nominativement des bois, serait fait par feux, et qu'ils n'ont dérogé à la loi de 1793 qu'en ce point d'opérer le partage par feux et non par têtes, mode que le décret de 1808 a déclaré être celui auquel on est revenu comme le seul équitable, parce qu'il proportionne la distribution aux vrais besoins des familles ; — Que l'admissibilité de tout acte ou usage contraire en matière de partage de propriété entre les communes est demeurée proscrite par la loi ;

» Attendu au surplus que, dans l'espèce, l'arrêt attaqué a jugé que la commune de Bidon ne rapportait aucun titre qui lui attribuât une portion déterminée dans la propriété, et même que la preuve d'un partage de propriété était contredite par une foule d'énonciations qui établissaient la preuve positive de l'indivision ;

» Attendu que cet arrêt constate seulement qu'il y avait entre deux communes preuve formelle que, depuis un temps immémorial, il y avait eu jouissance par portions égales, seulement des coupes de bois, ce qui est bien différent d'une attribution de propriété ; que cette répartition égale des coupes n'a pu dispenser la Cour royale d'appliquer, en matière de partage du fonds lui-même, les dispositions positives de l'art. 15, section II, de la loi du 10 juin 1793, combinées avec les avis du Conseil d'Etat de 1807 et 1808, d'après lesquels les partages du fonds (quand ils ont lieu) doivent être faits par feux, nonobstant tous usages et actes contraires ;

» Attendu en ce qui touche l'application de l'art. 105 du Code forest., que cet article n'a point révoqué la loi du 10 juin 1793 et les avis du Conseil d'État, approuvés, de 1807 et de 1808, puisqu'il n'est point relatif au partage du fonds des bois, ni au partage entre plusieurs communes, mais à l'usage dans une seule commune, de partager par têtes, et non par feux, le montant des bois d'affouage, ou la valeur des bois délivrés pour constructions ou réparations ; de tous lesquels motifs il suit que l'arrêt de la Cour de Nîmes n'a violé aucune loi, et qu'il a dû se conformer au principe d'équité du partage par feux et au principe général établi par les décrets de 1807 et 1808 ; — Rejette. »

Du reste, la règle d'après laquelle les biens indivis entre des communes, doivent être partagés par feux ne fait pas obstacle à ce que les droits respectifs de ces communes soient autrement déterminés, non-seulement d'après les titres produits, mais encore par les faits de jouissance et de possession respectives ou par des présomptions graves, précises et concordantes. « Attendu, » porte un arrêt de rejet, rendu par la C. de cass. (Ch. civ.) le 21 janv. 1852, « qu'en s'appuyant sur l'ensemble des titres et actes produits, sur les faits de reconnaissance et de possession, et sur des présomptions graves, précises et concordantes, pour déterminer les parts respectives des communes, l'arrêt attaqué n'a violé aucune loi ; — Qu'il n'a pas violé notamment les avis du Conseil d'Etat des 20 juill. 1807 et 26 avr. 1808, applicables seulement au partage des bois qui sont indivis entre des communes, et non à la détermination des parts qui sont déclarées appartenir à chacune d'elles en vertu de titres produits et de preuves régulièrement faites. »

— Mais ni les matrices cadastrales ni les rôles de contributions ne constituent, pour les parties, des titres qui puissent faire obstacle à ce que le partage s'opère par *feux*. C'est ce que décide un arrêt de la C. de cass. du 7 août 1849, ainsi conçu :

« Vu l'art. 3, sect. 1, loi du 10 juin 1793, et l'avis du Conseil d'Etat, approuvé le 20 juillet 1807 ; — Attendu qu'aux termes des dispositions ci-dessus, le partage de tous terrains communaux doit avoir lieu par feux entre les communes auxquelles ils appartiennent et qu'il ne peut y avoir d'exception que lorsqu'il résulte des titres qu'un autre mode de partage avait été convenu ou établi légalement ; — Attendu que la commune défenderesse se bornait à demander que la propriété du terrain fût déclarée commune entre elle et la demanderesse, et que ni l'une ni l'autre ne produisaient de titres anciens réglant un mode de partage spécial entre elles ; — Attendu que si, au cours de l'instance et même dans les qualités de l'arrêt attaqué, il a été reconnu que les *matrices du cadastre, ainsi que les rôles des contributions attribuaient ledit terrain par moitié auxdites communes en cause, ces énonciations ne constituaient pas des titres pour les parties ;* — Qu'il suit de là que les dispositions précitées étaient applicables à l'espèce, et qu'en conséquence l'arrêt attaqué, en déclarant que le terrain litigieux appartenait par moitié aux deux communes contendantes, a expressément violé lesdites dispositions ; — Casse. »

108. Une difficulté, analogue à celle que nous avons examinée, *suprà*, n° 87, p. 73, peut s'élever sur le point de savoir à quelle époque il faudra compter les *feux* des communes copartageantes, pour fixer la part revenant à chacune d'elles dans les bois dont le partage est demandé. Faut-il prendre pour base de cette opération le nombre des feux existant dans chacune des communes intéressées, à une époque où un partage de jouissance a été fait entre elles par un ancien règlement, ou bien doit-on avoir égard au nombre de feux qui se sont établis dans ces communes, depuis que ce règlement a eu lieu, et faire le partage d'après le nombre de feux *actuels* ? C'est dans ce dernier sens que la question a été jugée.

La commune de Courson avait formé contre le hameau de Suchois une demande en partage de bois communaux indivis, concluant à ce que ce partage fût fait en proportion du nombre de feux de la commune et du hameau.

Le hameau de Suchois soutenait que le partage ne devait pas avoir lieu d'après les bases indiquées par la commune c'est-à-dire d'après le nombre de feux *actuels*, attendu que des actes antérieurs avaient déterminé les droits respectifs des parties à cet égard ; et le hameau invoquait, à l'appui de ses prétentions, un arrêt du Conseil du 4 mai 1745 qui l'avait maintenu dans la jouissance des bois indivis proportionnellement au nombre de feux dont il était alors composé, et de plus une transaction du 16 nov.^re^ 1760 qui lui attribuait le huitième de ces bois proportionnellement au nombre des feux.

Jugement du Tribunal d'Auxerre qui ordonne le partage sur les bases indiquées par le hameau.

Appel de la part de la commune.—Le 25 mai 1835, arrêt de la Cour de Paris qui infirme et ordonne qu'il sera procédé au partage par feux : — « Attendu que l'arrêt du Conseil de 1745 avait établi ce mode de partage ; que l'acte du 16 nov. 1760 n'y a pas dérogé, parce qu'il avait uniquement pour objet de régler le compte que la commune de Courson devait aux habitants de Suchois pour sept coupes dans lesquelles ces derniers n'avaient pas pris les portions qui leur revenaient ; que, s'il est dit dans cet acte que le hameau de Suchois est propriétaire d'un huitième des bois de Courson, toute la conséquence qu'on peut justement en tirer, c'est que les parties ont entendu par là exprimer l'état de leur population respective au moment où elles traitaient ; que, quant à la prescription, les habitants de Suchois ne peuvent l'invoquer, parce qu'ils sont présumés avoir possédé en conformité de leur titre, c'est-à-dire conformément à l'arrêt de 1745 ; que, pour admettre une interprétation contraire, il faudrait qu'elle résultât des termes de l'acte ou de faits non équivoques qui n'existent pas dans la cause. »

Pourvoi en cassation par le hameau de Suchois, pour violation de la loi du contrat, des art. 1134, 1163, 1165, 2262, C. civ., et fausse application de l'art. 2240, en ce que l'arrêt attaqué aurait méconnu le sens évident de l'arrêt du Conseil de 1745 et de la transaction de 1760.

Mais, par un arrêt du 20 juill. 1840, la Ch civ. de la C. de cass. a statué ainsi qu'il suit :

« Attendu que la transaction de 1760 ne constituait pas, entre les parties, une possession plus étendue que celle indiquée dans l'arrêt du Conseil de 1745, puisque le nombre de feux des hameaux de Suchois et de la Montagne formait alors à peu près un huitième de ceux de la commune de Courson ; qu'ainsi cette transaction n'a fait qu'une application des droits respectifs des parties dans un mode de répartition nouveau ; — Qu'au surplus, l'appréciation de cet acte n'a pas excédé les limites d'interprétation attribuées aux juges du fond, et ne peut donner ouverture à cassation ;

» Attendu que les droits des communes, possédant en commun des biens indivis, sont réglés par le nombre des feux, aux termes de la loi du 10 juin 1793 et des avis du Conseil d'État des 20 juillet 1807 et 26 avril 1808 ; — Que l'arrêt du Conseil de 1745 n'exclut pas les feux nouveaux, qui s'établiraient dans la suite, du partage proportionnel à faire dans les bois indivis ; — Que, par conséquent, l'arrêt attaqué n'en a pas violé les dispositions, et s'est au reste conformé aux règles qui servent de base au partage des biens communaux ; — Rejette, etc. »

109. *Contestations. — Compétence.* Toutes les opérations relatives au partage de bois indivis entre des communes ou sections, doivent être réglées par l'autorité administrative. Seulement toutes les contestations survenues à l'occasion de la propriété, ou de la possession de ces biens, devraient être portées devant les tribunaux civils, en vertu des principes développés, *suprà*, nos 89 et suiv. Une marche contraire mettrait les décisions administratives dans le cas d'être réformées par l'autorité judiciaire ; car, après que le partage aurait été approuvé par l'autorité administrative, les communes intéressées conserveraient le droit d'en attaquer le résultat devant les tribunaux, en s'appuyant sur leurs titres de propriété, qui ne peuvent être légalement appréciés que par eux. (Avis com. int., 11 avril 1827.)

Du reste, si l'une des communes ou sections intéressées dans un partage prétendait qu'elle n'a jamais donné son consentement à cette opération, l'acte administratif qui l'aurait autorisée n'en serait pas moins un acte de pure tutelle administrative. Cet acte ne ferait donc pas obstacle à ce que la commune ou section qui se prétendrait lésée portât devant l'autorité compétente ses réclamations à l'effet d'obtenir, soit l'annulation des actes de l'instruction, soit la modification des bases du partage. L'acte dont il s'agit ne serait donc pas susceptible d'être attaqué par la voie contentieuse. (C. d'Etat, 22 juin 1854. — *C. d'Arganchy.*)

— Si l'une des communes ou sections copartageantes prétendait avoir été lésée dans le partage, et demandait une indemnité pour le tort que lui aurait causé la jouissance abusive de la commune ou section au profit de laquelle cette lésion aurait été commise, une telle réclamation soulèverait nécessairement un litige sur les droits respectifs de propriété ou de jouissance appartenant à ces communes ou sections. Dès lors l'autorité judiciaire serait seule compétente pour faire l'appréciation de ces droits. (Même arrêt.)

CHAPITRE V.

BORNAGE DES BIENS COMMUNAUX PARTAGÉS ENTRE COMMUNES OU SECTIONS.

110. *Le bornage peut toujours être demandé.*

110. *Le bornage peut toujours être demandé.* Lorsque le partage des biens communaux indivis a été opéré, ainsi qu'on l'a vu dans le chapitre précédent, la délimitation des parts revenant à chacun des copartageants se trouve parfaitement établie. Les propriétaires limitrophes n'en peuvent pas moins, si cela leur paraît nécessaire, exiger que la ligne qui les sépare soit indiquée par des plantations de bornes; car l'art. 646 C. Nap. porte : « *Tout propriétaire peut contraindre son voisin au bornage de leurs propriétés contiguës.* »

111. *Le bornage des biens communaux est soumis à des règles spéciales.* Nous devons, toutefois, avant d'aller plus loin, faire une remarque. Tout ce que nous avons dit ci-dessus se rapporte aux *biens communaux*, en général; mais ce qui va suivre, sur le *bornage*, ne s'applique point aux *bois communaux soumis au régime forestier*. L'abornement de ces sortes de bois est soumis à des règles spéciales qui seront ultérieurement indiquées. (V. *Code et formulaire des biens communaux.*)

112. *Le bornage des propriétés communales doit-il se faire administrativement ou en justice?* Pour résoudre cette question, il faut distinguer. Lorsqu'une commune possédait avec une autre des biens indivis, et que cette indivision a cessé par l'effet d'un partage opéré judiciairement, les parts respectives des deux communes étant délimitées ainsi qu'il a été dit au chapitre précédent, il ne reste plus qu'à mettre chacune d'elles en possession de la portion de terrain qui lui est échue. Ceci est une mesure d'exécution qui ne peut appartenir qu'à l'autorité administrative, et à laquelle préside un commissaire spécial délégué par le préfet.

Lorsque la remise de chaque lot de terrain a été ainsi faite aux communes ou sections intéressées, il est évident que chacune d'elles, en vertu de l'art. 646, peut demander le bornage ; or, comme les limites de chacun des lots a été judiciairement reconnue et qu'il n'existe plus de contestation sur ce point, il est évident encore que le bornage se réduit alors à une opération purement matérielle, c'est-à-dire à une simple plantation de bornes sur les lignes séparatives des héritages respectifs. Cette opération peut donc être faite, sans l'intervention des tribunaux, par un ou plusieurs arpenteurs-géomètres commis par le préfet. Mais, dans ce cas, il y a lieu d'observer que les experts n'opèrent pas comme arbitres délégués par la justice, et qu'ainsi leur procès-verbal de bornage, quoique signé de toutes les parties intéressées, n'a de force que comme *simple renseignement ;* d'abord, parce qu'il ne dépend pas des experts de donner à leurs actes un caractère autre que celui dont ils sont eux-mêmes revêtus, et, en second lieu, parce que les maires signataires du procès-verbal, agissant au nom de communes mineures, ne peuvent faire indirectement, par un acte de bornage, ce qu'ils n'auraient pas le droit de faire directement, c'est-à-dire *compromettre sur les droits immobiliers* des communes qu'ils représentent.

Le bornage des terrains communaux, pour avoir un caractère complétement authentique et inattaquable, doit donc toujours être fait judiciairement.

D'ailleurs, le bornage n'est pas seulement exigible entre des communes dont les biens communaux ont été partagés par suite d'indivisions antérieures. Deux communes peuvent avoir des biens communaux contigus, dont la ligne séparative, par suite de circonstances particulières, peut être tout autre que le périmètre des deux communes. Dans ce cas, celle dont la propriété dépasse ce périmètre, et rentre ainsi dans la commune voisine, a d'autant plus d'intérêt à faire procéder au bornage, que ce bornage doit plus différer de la circonscription territoriale des deux communes. Nul doute qu'elle ne puisse alors, en vertu de la règle établie par l'art. 647 C. Nap., intenter l'action en bornage.

L'action en bornage peut encore être intentée par deux sections de la même commune qui ont chacune des biens particuliers dont on ne connaît pas très-exactement les limites; par un particulier dont l'héritage est limitrophe de celui de la commune, et dans une foule d'autres circonstances.

Dans ces divers cas, quelle sera l'autorité compétente pour en connaître? Ce ne peut être que l'autorité judiciaire.

Il ne s'agit plus, en effet, alors, d'une simple mesure d'exécution consistant à planter des bornes sur une limite reconnue. C'est au contraire cette limite qu'il faut reconnaître d'abord, et fixer ensuite. En d'autres termes, c'est une attribution de *propriété* qu'il faut faire à chacune des parties, en déterminant la limite qui sépare leurs patrimoines respectifs. Cette mission ne peut donc sous aucun rapport être du ressort de l'autorité administrative. De nombreux arrêts du Conseil d'Etat, des 3 juin 1820, 4 août 1822, 11 janv. 1826, etc., décident, en effet que, lorsqu'il s'agit, entre deux communes, ou entre une commune et un particulier, de faire reconnaître et fixer les limites de leurs propriétés contiguës, cette question de délimitation et de bornage est toute *d'intérêt privé ;* qu'elle est, par conséquent, du ressort exclusif des tribunaux ordinaires.

113. Mais en disant que *l'autorité judiciaire* est seule compétente, on n'a pas complétement résolu la question posée ci-dessus; car ces mots peuvent s'entendre aussi bien de la justice de paix que du tribunal civil d'arrondissement. On peut donc se demander auquel de ces deux tribunaux doit appartenir l'action en bornage?

Une seconde distinction est ici nécessaire.— L'art. 6, § 2, de la loi du 25 mai 1838 place les *actions en bornage* dans les attributions des juges de paix, en premier ressort; mais en y mettant cette restriction importante : « *lorsque la propriété ou les titres qui l'établissent ne sont pas contestés.* » Si donc il y a contestation sur la propriété ou les titres, l'action est du ressort du tribunal de 1re instance.

114. *Nécessité, pour les communes, d'obtenir l'autorisation du Conseil de préfecture.* Lorsqu'une action en bornage est exercée contre une commune ou qu'elle veut l'intenter elle-même, il faut nécessairement qu'elle y soit autorisée par le Conseil de préfecture, puisqu'il s'agit, pour elle, *d'ester en justice* (V. *suprà*, n° 93.)— L'autorisation ne saurait, en règle générale, lui être refusée, puisque, aux termes de l'art. 646 C. Nap., le partage judiciaire est inévitable lorsqu'il est demandé par l'un des propriétaires dont les propriétés sont limitrophes. Il peut se faire cependant que l'autorisation d'ester en justice doive, en ce cas, être refusée à la commune. Ainsi, par exemple, lorsqu'un particulier demande que le Conseil de préfecture accorde à une commune l'autorisation de faire procéder à un bornage de bruyères sur lesquelles ce particulier suppose que la commune a des droits, il n'y a pas lieu d'accueillir sa réclamation s'il résulte des titres et de la matrice des rôles que ces bruyères sont la propriété de diverses autres personnes, et qu'ainsi la commune est sans droit pour défendre à l'action en bornage intentée contre elle. (C. d'Etat, 18 mars 1813.)

115. *Opération du bornage.* La *délimitation* une fois fixée par le tribunal compétent, vient *l'abornement* ou *plantation de bornes.* Ces signes varient suivant les localités. Ce sont, le plus généralement, des pierres enfoncées en terre. Des signes naturels, tels que des rochers, des arbres, des haies, etc., ne devraient pas empêcher le placement des bornes admises par l'usage.

116. *Procès-verbal.* L'opération est ensuite constatée par un procès-verbal dans lequel il ne suffit pas de mentionner le *nombre,* la *forme des pierres* servant de bornes, et les *morceaux de brique, de verre,* etc., placés dessus pour *témoins;* il faut encore avoir la précaution d'y indiquer la direction des lignes d'une borne à l'autre. On fera bien d'y joindre un *plan figuratif* des terrains abornés.

117. *Formule d'un procès-verbal de bornage.*

L'an mil huit cent et le du mois de) Nous, juge de paix du canton de ;

Vu le jugement contradictoire rendu par nous, à la date du , entre MM. les maires des communes de et de (*ou entre le sieur et M. le Maire de la commune de* , par lequel nous avons ordonné que les bornes qui séparaient leurs propriétés contiguës, désignées audit jugement, seraient rétablies judiciairement, à ces jour et heure, parties présentes ou dûment appelées ;

A la requête de M. , maire de la commune de , nous nous sommes transporté sur le terrain communal, appartenant à cette commune, au lieu dit de , touchant, du levant à (*décrire ici les confins de ce terrain*), et y avons rencontré MM. , maires des deux communes sus-nommées, qui nous ont requis de procéder à l'instant au rétablissement des bornes qui séparaient leurs biens communaux respectifs, ainsi qu'il est ordonné par notre jugement susvisé du , enregistré.

(*Ou bien*) : qui nous ont requis de procéder à l'instant à la plantation de trois bornes sur la ligne de délimitation, par nous fixée, d'après les titres entre leurs communaux respectifs, ainsi qu'il est ordonné par notre jugement susvisé du , enregistré, et ont signé.

(*Signatures.*)

Nous, juge de paix, vu notre jugement définitif, contradictoirement rendu entre les parties requérantes, le , enregistré ; les comparutions et dires desdites parties et y faisant droit, nous avons, en leur présence, procédé de la manière suivante :

Premièrement, nous avons fait tracer une ligne droite au point de la jonction des deux terrains communaux, et nous avons fait placer, sur cette ligne, trois bornes dans les mêmes lieux où, d'après l'aspect du local et les dires des parties, étaient posées celles qui ont existé ; savoir : la première de ces bornes a été mise à (*indiquer ici avec détail la place où la borne a été plantée*). La seconde borne a été placée à mètres de la première, et la troisième à une distance de mètres de la seconde. Cette dernière distance se termine justement à l'extrémité sud de la ligne de jonction des deux communes limitrophes.

De tout quoi, nous avons dressé le présent procès-verbal, qui a été clos à heures, en présence desdits, qui ont signé avec nous et notre greffier, après lecture.

(*Signatures.*)

118. *Frais.* Le bornage étant ordonné dans l'intérêt des propriétaires limitrophes se fait *à frais communs* (C. Nap. 646). Toutefois, il va sans dire que si l'une des parties élève, pendant les opérations du bornage, d'injustes prétentions, les frais qui auront été la suite de cet incident devront être mis exclusivement à sa charge.

Les frais consistent dans la fourniture et le placement des bornes, le coût des actes qui constatent l'abornement, et les droits dus tant aux experts qu'aux magistrats qui ont procédé au bornage.

La session financière des conseils municipaux, qui a lieu dans le mois de mai de chaque année, donne aux maires l'occasion de faire voter les fonds nécessaires pour cet objet.

TITRE V.

DE LA DÉLIMITATIONS ENTRE COMMUNES.

CHAPITRE I.

DES RECTIFICATIONS DE LIMITES.

119. *Cas où il s'agit d'une simple rectification de limites.*
120. *Transport de territoire d'une commune dans une autre.*
121. *Enclaves.*
122. *Compensations.*
123. *Terrains prolongés.*
124. *Instructions communes à toutes les rectifications de limites.*
125. *Modèle d'un tableau de renseignements relatifs à des rectifications de limites.*
126. *Formalités à remplir si la distraction doit altérer sensiblement la constitution communale.*
127. *A quels pouvoirs appartient-il de statuer sur les délimitations ?*
128. *Formalités à remplir, quand l'affaire doit être portée devant le Corps législatif.*

119. La loi du 18 juillet 1837 ne s'est point occupée des simples rectifications de limites entre des communes, c'est-à-dire des cas où il s'agit, non d'enlever à une commune sa propre existence, ou bien une portion notable de son territoire, mais simplement de faire passer d'une commune dans une autre, pour plus de régularité dans leurs limites respectives, quelques parcelles de terrain. Du silence de la loi, sur cet objet, il faut conclure qu'elle a voulu laisser subsister les règles précédemment établies. Nous allons en donner la substance.

Le transport d'une portion de territoire d'une commune dans une autre s'applique à une *enclave*, c'est-à-dire à un terrain entièrement séparé de la commune dont il dépend, ou bien à un terrain adhérent par quelques points à son territoire, mais faisant saillie sur le territoire de la commune voisine, et que, pour cette raison, on appelle *terrain prolongé*.

ENCLAVES.

120. Aux termes des décrets des 1er déc. 1790, et 2 mess. an VII, tous les terrains situés *dans le territoire* d'une commune doivent y être imposés. De ce principe on avait tiré la conséquence que tout terrain séparé du territoire d'une commune, et *enclavé* dans une autre, était *de droit* réuni à cette dernière. Pour opérer cette réunion, il suffisait donc d'un simple arrêté préfectoral, constatant le fait de l'enclave. Une circulaire du Ministre de l'Intérieur, en date du 13 mars 1806, et le règlement du 10 oct. 1821, sur le cadastre, l'avaient ainsi entendu. Toutefois, suivant un avis du Conseil d'Etat, du 11 févr. 1806, « pour toute espèce de modi- » fication à apporter à l'état des communes, même pour les » *enclaves*, il était nécessaire d'obtenir *un décret*. » Le Ministre de l'Intérieur, dans une circulaire du 7 avril 1828, disait aussi : « Aucune portion du territoire communal, » *lors même qu'il s'agirait d'enclaves*, ne peut en être dis- » traite qu'après que cette distraction a été prononcée *par* » *ordonnance*. » Cette règle est actuellement suivie par l'administration.

121. Toutes les fois que la commune qui reçoit une enclave peut, sans nuire à la régularité de sa circonscription, donner en compensation, à la commune dont cette enclave est distraite, l'administration d'une autre portion de territoire, il est d'une bonne administration de l'engager à le faire, et de convertir le projet de transport en un projet d'échange. (Circ. Min. de l'Int., 13 mars 1806.)

122. Toutefois, il faut bien remarquer que les communes ne peuvent, sous aucun rapport, être regardées comme propriétaires de leur territoire, et que leurs limites ne sont qu'une *simple circonscription administrative*, fixée uniquement dans un intérêt d'ordre public. La commune qui voit une portion de son territoire annexée à une commune voisine, n'est donc pas *en droit* d'exiger que cette dernière lui concède une autre portion de terrain à titre de *compensation*. (Avis Com. int., 9 janv. 1835.)

Lorsque ces compensations sont possibles, on fait bien, sans doute, de les accorder, pour prévenir, entre des communes voisines, des rivalités fâcheuses ; mais il faut qu'il ne puisse en résulter aucune irrégularité de circonscription, ni aucun autre inconvénient sérieux. Des compensations pécuniaires ne peuvent, dans aucun cas, être autorisées, sauf, toutefois les fondations de bienfaisance qu'on peut quelquefois tolérer, conformément à ce qui a été dit, *suprà*, n° 65, au profit des pauvres de la commune dont les ressources ont été diminuées par une distraction de territoire.

TERRAINS PROLONGÉS.

123. Les effets les plus ordinaires des prolongements d terrains dont il s'agit ici sont d'éloigner de leur chef-lieu les maisons ou hameaux qui s'y trouvent situés, en même temps que de les rapprocher du chef-lieu de la commune dans laquelle ces terrains font saillie, et de donner aux deux communes un périmètre fort irrégulier, formant de l'une dans l'autre des découpures profondes qui choquent l'œil à la simple inspection des plans.

Dans l'un et l'autre cas, il y a convenance à réunir le terrain prolongé à la commune avec laquelle il a le plus d'affinité.

Il en serait de même des terrains qui, sans aucune autre irrégularité de limites, seraient séparés, par une rivière ou par d'autres obstacles naturels, du chef-lieu de la commune dont ils dépendraient.

INSTRUCTION COMMUNE A TOUTES LES MODIFICATIONS DE LIMITES.

124. Toutes les fois qu'il s'agit d'opérer le transport d'une portion de territoire d'une commune dans une autre, le Gouvernement, avant de prononcer, doit être éclairé par des renseignements positifs sur l'utilité de cette mesure.

Chaque proposition doit donc être accompagnée des pièces suivantes :

1° Les délibérations des conseils municipaux des communes intéressées ;

2° L'avis du géomètre en chef [1] ;

3° Celui du directeur des contributions directes ;

[1] On n'exige plus l'avis du géomètre en chef que pour les affaires instruites dans un département où le cadastre n'est pas encore terminé.

4° Deux expéditions du plan des lieux ;

5° Un tableau indiquant l'étendue, la population, les revenus et les dépenses ordinaires des communes, ainsi que l'étendue des terrains à distraire ou à échanger, le nombre d'habitants qu'ils renferment, et le revenu communal qu'ils produisent en centimes additionnels ;

6° Les renseignements relatifs aux biens et aux droits communaux ;

7° Enfin l'avis du préfet, motivé en forme d'arrêté.

125. Voici un modèle du tableau compris sous le n° 5. — Pour les autres éléments de l'instruction, V. les formules données, *suprà*, n°s 30 et suiv.

Communes entre lesquelles s'opère l'échange.	Etendue totale du territoire des communes.		Population totale actuelle.	REVENUS ORDINAIRES ACTUELS		Dépenses ordinaires actuelles.	Etendue du territoire à distraire.	Population du territoire à distraire.	Revenus que produit en centimes additionnels le territoire à distraire.		Biens communaux, édifices servant à usages publics.	Observations.
				en centim. additionn.	en produits divers.							
	h.	a.	hab.	fr.	fr.	fr.	h.	h.	fr.	c.		
Ro.	2144	21	1110	341	55	340	164	20	13	0		
Tv.	1544	30	910	960	120	400	140	25	12	"		

126. S'il s'agissait d'une section de commune ou bien d'une portion de territoire qui, sans porter ce nom, serait cependant assez considérable et assez peuplée pour que la distraction n'en pût être opérée sans altérer sensiblement l'existence et la constitution de la commune, le préfet devrait avoir soin, alors même que cette portion serait enclavée, de n'omettre aucune des formalités exigées par le titre Ier de la loi du 18 juillet 1837. Il devrait en conséquence :

1° Faire procéder à une enquête, au sein des communes intéressées, en choisissant, autant que possible, le juge de paix du canton pour présider à cette enquête ;

2° Former une commission syndicale dans cette section ou portion de territoire ;

3° Appeler les conseils municipaux à délibérer, avec adjonction des plus imposés ;

4° Soumettre l'affaire à l'examen du conseil d'arrondissement et du conseil général.

A tous les documents produits par l'accomplissement de ces formalités, le préfet aurait à joindre ceux qui sont indiqués ci-dessus dans la première catégorie, sous les nᵒˢ 2, 3, 4, 5, 6 et 7, en ayant soin de ne pas oublier, dans les renseignements relatifs aux biens communaux, la désignation des édifices servant à usage public, qui pourraient se trouver sur les portions de territoire à échanger ou à distraire.

127. *A quels pouvoirs appartient-il de statuer sur les délimitations.* Comme on l'a vu, *suprà*, n° 120, lorsqu'il s'agit d'opérer un simple changement de limites *entre deux communes situées dans le même département, cette mesure est du ressort du pouvoir exécutif.* Il y est donc statué par un décret impérial délibéré en Conseil d'Etat.

Mais lorsque les propositions du préfet tendront à *modifier la circonscription d'un département, d'un arrondissement ou d'un canton, elles exigeront le concours du pouvoir législatif.* Toutefois, lors même qu'il ne s'agira que de communes situées dans le même département, ce magistrat pourra, selon que l'opération sera minime ou importante, suivre l'une ou l'autre des deux manières de procéder qui viennent d'être indiquées ; mais il devra, dans tous les cas, soumettre l'affaire au conseil d'arrondissement et au conseil général.

128. Enfin, dans ces circonstances comme dans toutes celles où, par suite des dispositions du second paragraphe de l'art. 4 de la loi, il deviendra nécessaire de porter l'affaire *devant le Corps législatif*, le préfet aura soin de produire, en *double expédition, toutes les pièces dont se composeront les dossiers. Le plan des lieux devra alors être fourni en triple expédition. Une quatrième copie de ce plan sera même indispensable, s'il s'agit d'opérer entre deux départements.*

CHAPITRE II.

DES CONTESTATIONS RELATIVES SOIT A LA RECONNAISSANCE, SOIT AU CHANGEMENT DE LIMITES ENTRE COMMUNES OU SECTIONS.

129. *Distinction à faire entre la délimitation et le bornage du territoire communal, et les mêmes opérations ap-*

pliquées aux biens indivis entre communes ou sections.

130. *Contestations relatives aux reconnaissances de limites. — Formalités à remplir.*

132. *A quel pouvoir appartient-il de statuer sur cette reconnaissance? A l'autorité judiciaire. — Exception.*

133. *Paiement des frais de cette reconnaissance.*

134. *Contestations relatives aux changements de limites. — Formalités à remplir.*

129. La délimitation et le bornage du *territoire communal*, dont il est question dans le présent chapitre, ne doivent pas être confondus avec la délimitation et le bornage des *biens communaux* dont il a été traité, *suprà*, nos 110 et suiv. Les premières de ces opérations étant destinées à établir les limites d'une circonscription administrative, sont des *mesures d'intérêt public*, dont les tribunaux civils ne peuvent connaître. Les secondes, au contraire, n'ayant pour effet que d'indiquer la ligne séparative de deux *propriétés* jusque-là indivises, sont des *décisions d'intérêt privé* qui échappent à la compétence des tribunaux administratifs.

130. Les contestations au sujet des limites surgissent d'ordinaire au moment où se fait la délimitation de l'une des communes intéressées. Elles ont pour objet de faire *reconnaître* la limite existante, ou de la faire *changer* :

S'il ne s'agit que d'une simple *reconnaissance de limites*, le géomètre délimitateur porte sur un croquis figuratif les limites prétendues de part et d'autre, les consigne dans son procès-verbal, avec les dires des maires respectifs, et donne son avis motivé sur la limite qui lui paraît devoir être adoptée. (Règl. sur le cad. et circ. du Min. de l'Int., 13 mars 1806.)

Sur cette proposition, les conseils municipaux des communes intéressées sont appelés à délibérer. Le directeur des contributions directes, le sous-préfet de l'arrondissement et le conseil de préfecture donnent ensuite leur avis. (*Ibid.*)

Si le terrain litigieux est de peu d'importance, le préfet prend un arrêté pour fixer les limites contestées ; dans le cas contraire, toutes les pièces de l'instruction sont transmises par ce magistrat, avec son avis, au Ministre de l'intérieur, et, sur la proposition de ce ministre, le Conseil d'Etat entendu, la limite est déterminée par un décret.

Si les communes, dont il y a lieu de reconnaître les limites, appartiennent à différents départements, un décret alors est toujours nécessaire, et l'instruction se fait, de concert entre les préfets des départements intéressés.

131. La loi du 18 juill. 1837, en fixant les principes généraux qui président aux réunions et divisions de communes, n'a point dérogé aux règles sur le cadastre que nous venons de rappeler. Par cela seul, en effet, que cette loi ne contient aucune disposition spéciale sur cette matière, on doit admettre qu'elle a voulu se référer aux dispositions qui la régissaient antérieurement. — Il a donc été jugé qu'aux termes du décret des 19-20 avril 1790, art. 8 ; de l'ord. du 3 octobre 1821, et des règlements des 10 oct. 1821 et 15 mars 1827, « il appartient aux préfets, lors des opérations cadas- » trales, de statuer sur les opérations relatives aux délimi- » tations entre les communes d'un même département, et que » l'arrêté pris en cette circonstance est un acte de pure ad- » ministration qui ne peut être déféré au Conseil d'Etat par » la voie contentieuse, et qui d'ailleurs ne préjuge rien sur » les questions de propriété des biens communaux entre les » deux communes. » (C. d'Etat, 4 sept. 1840.)

L'art. 3 du décret des 26 févr.— 4 mars 1790, *sur la division et la délimitation des départements*, veut que le milieu de toute rivière séparant deux départements leur serve à tous deux de limite ; mais ce décret ne reçoit d'application qu'autant qu'un état de choses contraire, existant au moment de sa promulgation, a été changé par un acte législatif spécial.—Ainsi, un terrain qui a toujours fait partie d'une commune située dans un département limité par une rivière, n'a pas cessé, par l'effet seul du décret précité, et, bien qu'il soit situé de l'autre côté de la rivière, de faire partie de cette commune, et par suite du département auquel elle appartient. (Cass. 11 févr. 1840)

132. Il est évident, d'après tout ce qui précède, *que l'autorité judiciaire est toujours incompétente* pour statuer sur la reconnaissance des limites existantes entre deux communes. Toute modification dans la délimitation d'une commune, ou de toute autre circonscription territoriale, est, en effet une acte essentiellement administratif, puisque toute mesure de ce genre a nécessairement pour but d'améliorer des services publics que la délimitation actuelle met en souffrance, ou bien de procurer à une certaine partie de la population une plus grande somme de bien-être, choses qui rentrent, par leur nature, dans le domaine exclusif de l'action gouvernementale.

Le contraire a cependant été soutenu, en 1842, devant le Tribunal de Gisors qui statua, sur ce point, ainsi qu'il suit : « *En ce qui touche le chef de demande* tendant à faire ordonner que les limites de la commune de Trye-Château soient reportées vers Gisors ; — Considérant que les tribunaux sont incompétents pour statuer sur les délimitations respectives des communes, et que cette matière est purement administrative ; — Le Tribunal...... déclare la commune de Trye-Château non recevable et mal fondée dans son action. » — Sur l'appel de la commune de Trye-Château, la Cour de Rouen, par arrêt du 31 déc. 1842, confirma la sentence des premiers juges en adoptant leurs motifs.

Exception. Ce qui vient d'être dit de la compétence exclusive de l'autorité judiciaire, en fait de reconnaissance des limites entre deux communes, ne serait cependant pas applicable, si l'action dont l'autorité judiciaire serait saisie, quoique renfermant, par le fait, une question de délimitation, ne tendait au fond qu'à faire statuer sur des droits de propriété. Tel serait, par exemple, le cas où il s'agirait, comme dans l'espèce suivante, de savoir à laquelle de deux communes séparées par une rivière, appartiennent des îles situées dans le lit de ce cours d'eau.

La Commune d'Orgon (Bouches-du-Rhône), séparée de celle de Cavaillon (Vaucluse), par la Durance, revendiquait la propriété de plusieurs îles qu'elle prétendait comprises dans son territoire, quoiqu'elles fussent plus rapprochées de la rive droite, (celle de Vaucluse). La commune de Cavaillon s'appuyait, au contraire, sur cette proximité pour soutenir qu'aux termes du décret des 19-20 avril 1790, les îles lui appartenaient. Cette dernière commune avait en conséquence décliné la compétence du Tribunal de Tarascon devant lequel la commune d'Orgon l'avait citée. — 2 août 1825, jugement par lequel ce Tribunal déclare que sa juridiction s'étend jusqu'à la rive droite de la Durance, et conséquemment rejette le déclinatoire. — Le conflit fut alors élevé par le préfet, sur le motif que le Tribunal de Tarascon avait implicitement résolu la question de délimitation entre les communes litigantes, question dont la solution ne pouvait appartenir qu'à l'autorité administrative.

Mais le Conseil d'Etat, par un arrêt du 7 juin 1826, statua ainsi qu'il suit :

« Considérant qu'il s'agit, au fond, de savoir si les îles en litige *appartiennent à la commune d'Orgon ou à celle de Cavaillon, et que cette question est dans les attributions de l'autorité judiciaire.* — Considérant que, par son jugement du 2 août 1825, le Tribunal de Tarascon, saisi de la contestation, s'est borné à déclarer que les îles litigieuses sont dans son ressort, et que le recours contre ce jugement ne peut être porté que devant l'autorité judiciaire supérieure; — Art. 1er. L'arrêté de conflit est annulé. »

133. S'il était nécessaire de vérifier et de reconnaître les limites de deux communes, uniquement dans l'intérêt de la solution d'un procès particulier, les frais de cette vérification devraient être supportés par ceux au profit desquels elle aurait eu lieu, et ne pourraient, dans aucun cas, être mis à la charge des deux communes. — La liquidation de ces frais rentrerait aussi dans les attributions du préfet. (C. d'Etat, 7 août 1812.)

134. Si, au lieu de reconnaître simplement les *limites existantes* entre deux communes, c'est-à-dire de *constater l'existence d'un fait administratif*, ce qui rentre essentiellement dans les attributions du préfet, il s'agit de changer ces limites, c'est-à-dire de porter atteinte à la circonscription actuelle des territoires communaux, voici les formalités qui sont alors nécessaires.

Si les communes intéressées sont d'accord pour substituer aux limites existantes, une rivière, un chemin, ou toute autre limite naturelle et invariable, le géomètre chargé de la délimitation en trace le projet sur un croquis visuel figuratif, et la proposition en est consignée dans son procès-verbal. L'instruction est ensuite complétée par l'avis des conseils municipaux respectifs, du sous-préfet et du préfet; puis, enfin, il est statué ; soit par un décret impérial, préparé en Conseil d'Etat, si les deux communes sont dans le même département; soit par une loi, si elles appartiennent à des départements différents. (V. *suprà*, nos 40 et 49.)

CHAPITRE II.

DU BORNAGE ENTRE COMMUNES.

155. *Qui doit supporter les frais de ce bornage?*
156. *Par qui doit-il être fait?*

155. Presque toutes les communes de France étant aujourd'hui cadastrées, il suffira, pour reconnaître leurs limites, de recourir aux plans et au procès-verbal de délimitation. Cette reconnaissance serait cependant plus facile si les limites étaient, en outre, indiquées sur le terrain même par des signes apparents. Ainsi, l'avantage d'un abornement général ne saurait être contesté; mais la dépense énorme que nécessiterait une telle mesure en a toujours empêché l'exécution. D'après un avis du Conseil d'Etat, en date du 10 février 1806, il a été décidé qu'on ne devrait poser de bornes, aux frais des communes, que sur les limites de celles qui auraient eu des contestations à ce sujet. Dans ce cas, lorsque les limites ont été constatées, on plante des bornes sur la ligne séparative des territoires.

Dans toute autre circonstance, où l'on voudrait faire le bornage des communes cadastrées, on ne pourrait en imputer la dépense sur le budget des communes. Ces frais sont alors supportés par l'administration qui a cru devoir recourir à ce moyen de délimitation. Si c'est pour le cadastre que la plantation des bornes a été demandée, la dépense en est imputée sur les fonds destinés aux opérations cadastrales; si c'est pour le département, la dépense en est supportée par le budget départemental.

156. Le bornage est fait par un géomètre délégué par le préfet, en présence des maires des communes intéressées.

Dans le cas où les frais doivent être à la charge de la commune, « elle est libre de fournir elle-même les bornes, dont » la façon et la forme doivent être subordonnées aux usages » de la localité, et à ses moyens pécuniaires. » (Av. C. d'Etat, 10 févr. 1806.)

TITRE VI.

CHEFS-LIEUX, NOMS, ARMOIRIES ET QUALIFICATIONS DES COMMUNES.

CHAPITRE I.

CHEFS-LIEUX DES COMMUNES.

137. *Définition du chef-lieu.*
138. *Formalités à remplir pour changer un chef-lieu.*
139. *Quelles raisons peuvent motiver un tel changement.*
140. *Cas qui peuvent motiver des exceptions aux règles générales concernant le chef-lieu.*
141. *Solution d'une question relative au chef-lieu.*

137. Suivant les décrets des 20 janv., 26 févr. et 4 mars 1790, le *chef-lieu* d'une commune est l'endroit où se trouve *le clocher*. Lorsque ces lois furent promulgées, il s'agissait de remplacer, dans toute la France, par des divisions purement civiles, des circonscriptions qui, jusque-là, n'avaient eu d'autre base que l'exercice du culte. En un mot de substituer *la commune* à *la paroisse;* et comme un grand nombre de paroisses dépendaient à la fois de différentes provinces et de différentes administrations, lorsqu'on voulut en former des communes, il fallut bien nécessairement fixer leur chef-lieu sur le point le plus important de leur territoire. Naturellement ce choix devait se fixer sur l'endroit où se trouvait *le clocher*.

Aujourd'hui, la définition donnée par les lois précitées ne serait plus exacte, car il existe un grand nombre de communes réunies à d'autres pour le culte, et qui n'ont pas de clocher. Il est mieux, en conséquence, de dire que *le chef-lieu* d'une commune est *le lieu où se trouve le siége de l'administration municipale.* — C'est là que se font tous les actes qui peuvent intéresser les citoyens en tant que membres d'une commune; car, dans le cas même où le territoire d'une commune est situé à la fois dans deux départements, les habitants de cette commune doivent exercer leurs droits politiques, faire leurs actes civils, et payer leurs contributions publiques dans le département où est fixé son chef-lieu. (Arrêtés des 20 niv. an VII, et 3 vent. an X.)

138. Lorsqu'il s'agit de transporter d'un point sur un autre le siége de l'administration communale, ou, en d'autres termes, de *changer le chef-lieu*, le conseil municipal, le conseil d'arrondissement et le conseil général doivent être appelés à donner leur avis sur cette mesure qui est prononcée par un décret. (L. 10 mai 1838, art. 6; Décr. 25 mars 1852, tableau A, 2e partie, *a*.)

139. Suivant les instructions journellement adressées par l'administration supérieure, au sujet de la formation de nouvelles communes, on doit s'efforcer d'établir le chef-lieu *au point le plus central du territoire communal*, car il importe que l'administration municipale soit en rapports faciles avec tous les points de la commune. Le chef-lieu doit aussi être placé dans la localité qui contient le plus grand nombre d'habitants, car il importe que l'autorité municipale siége dans le foyer des relations les plus actives entre les membres de la commune; là où sa surveillance et sa protection sont, par conséquent, le plus nécessaires.

Comme on le voit, il ne dépend pas d'un maire d'établir où bon lui semble le siége de l'administration municipale. Ce siége, pour les anciennes communes, est consacré par le temps; pour les nouvelles, il est déterminé, par la loi, par l'ordonnance ou par le décret d'institution.

140. Mais il ne suit pas de là que tous les établissements publics communaux doivent être placés au *chef-lieu* de la commune D'une part, la circonscription paroissiale est entièrement distincte de la circonscription communale. L'église, le presbytère, peuvent donc se trouver placés sur un point autre que le chef-lieu. Il peut se faire, d'un autre côté, que des circonstances locales imposent la nécessité d'établir, ailleurs qu'au chef-lieu communal, la maison d'école, le cimetière, l'hospice, etc., etc. La désignation de la partie du territoire communal où ces divers établissements seront placés, doit nécessairement être abandonnée à l'appréciation du conseil municipal, sous le contrôle de l'administration supérieure. Dans tous les cas, la délibération de ce conseil ne peut être prise qu'à la suite d'une enquête *de commodo et incommodo*, à laquelle il est procédé dans les formes indiquées, *suprà*, nos 13 et suiv.

— La totalité des actes de la vie civile pourrait même ne pas s'accomplir au *chef-lieu* communal; car, lorsque la mer ou quelque autre obstacle rend difficiles, dangereuses ou momentanément impossibles, les communications entre une section et le chef-lieu, le préfet peut nommer, parmi les habitants de cette section, un adjoint spécial pour remplir les fonctions d'officier de l'état civil, dans cette partie détachée de la commune. (L. 21 mars 1831, art. 2, § 2.)

141. Des difficultés s'étaient élevées dans les circonstances suivantes :

Le chef-lieu de la commune de Notre-Dame de M... est beaucoup moins considérable que l'un des villages qui en font partie. Ce dernier est depuis longtemps érigé en paroisse. Le maire, ainsi que la majeure partie des conseillers municipaux y ont leur demeure. Il y a lieu de remarquer, d'ailleurs, que ce village, étant situé à sept kilomètres du chef-lieu de la commune, l'autorité supérieure, par application de l'art. 2, § 2, de la loi du 21 mars 1831, a cru devoir y établir un adjoint spécial pour tenir les registres de l'état civil.

La commune de Notre-Dame de M..... présente ainsi cette singularité remarquable que toute la vie communale semble s'être concentrée dans une localité autre que le chef-lieu, et que celui-ci paraît livré à un complet abandon.

Dans cet état de choses, on nous consulta sur le point de savoir si le maire de la commune de Notre-Dame de M... ne pourrait pas faire enlever les archives communales du chef-lieu où il n'y avait pas de maison de mairie, pour les transporter dans son domicile particulier.

On nous demandait encore si le village, qui se trouvait être la principale localité de la commune, ne pourrait pas en devenir le chef-lieu, sauf à faire établir un adjoint spécial pour les registres de l'état civil dans le chef-lieu dépossédé.

Voici ce que nous avons répondu, (*Courr. des comm., nov.* 1843) : — « La solution de la première question ne dépend pas de règles positives, mais bien de circonstances qui tombent sous l'appréciation de l'autorité supérieure. En principe, toute commune doit avoir un local servant de mairie. Si une commune est trop pauvre pour remplir cette obligation, il y a lieu de la considérer comme ne pouvant suffire aux conditions d'une individualité distincte, et par suite, comme devant être réunie à une autre. Toutefois, des motifs graves peuvent décider l'administration à conserver dans son état actuel la commune dont il s'agit, malgré l'insuffisance de ses ressources. Force est donc alors de permettre au maire de recueillir dans son domicile, sous sa responsabilité personnelle, les archives de la mairie, qui ne peuvent être logées ailleurs.

» Dans le cas qui nous est soumis, le maire n'habite pas le chef-lieu de la commune. La situation est donc plus embarrassante. Cependant, si l'autorité supérieure, après avoir pesé les avantages et les inconvénients de la mesure, croit devoir l'autoriser, nous ne connaissons aucune disposition de loi qui s'y oppose.

» Du reste, on ne peut se dissimuler que, par cette translation des archives, le chef-lieu réel de la commune ne soit, de fait, transporté dans le lieu où réside le maire; car les délibérations du conseil municipal et les principales opérations administratives concernant la commune, se feront nécessairement dans cette dernière localité.

» Pour donner à cet état provisoire un caractère définitif, il faudrait une ordonnance royale rendue après les formalités d'enquête qui sont prescrites par les art. 2 et 3 de la loi du 18 juillet 1837; car, s'il ne s'agit pas de changer la circonscription territoriale de la commune, ni de porter atteinte à son individualité, il est du moins question de modifier les conditions de son existence, de changer sa manière d'être, et l'on peut dire à la rigueur que le nom étant changé, et le chef-lieu transporté dans une autre localité, l'ancienne commune n'existe plus. Le droit de prononcer une telle suppression, cette sorte de *mort civile*, comme le disait M. Mounier à la chambre des pairs, ne peut appartenir qu'au chef suprême de l'administration publique.

» Ces dernières observations répondent à la seconde des deux questions posées ci-dessus. »

CHAPITRE II.

NOMS DES COMMUNES.

142. *Règles à suivre quant aux noms des communes.*
143. *Formalités à remplir pour les changements de noms.*
144. *Noms à donner aux nouvelles communes.*

142. La législation qui régit le nom des communes a, comme tout ce qui se rattache à leur existence, subi l'empreinte des époques diverses qu'elles ont traversées. Dans les temps féodaux, il était tout simple qu'elles fussent forcées de prendre le nom du seigneur dont elles étaient vassales. Cette contrainte cessa en 1790. Un décret des 20-23 juin de cette année *les autorisa à reprendre leurs anciens noms*. Le décret de la Convention nationale, du 25 vendém. an II, alla plus loin, car ce décret *invite* les communes à s'occuper incessamment du *changement des noms qui peuvent rappeler les souvenirs de la royauté, de la féodalité ou de la superstition.* Quelques années après, l'arrêté directorial du 9 fruct. an IX leur enjoignit de ne prendre que *les noms portés aux tableaux qui contiennent la division du territoire en justices de paix*. Vint ensuite l'ord. roy. du 8 juill. 1814 qui prescrivit aux communes *de reprendre les anciens noms qu'elles portaient antérieurement à* 1790; et enfin le décret impérial du 14 avril 1815 qui annula l'ordonnance du 8 juill. 1814. Aux termes de ce dernier décret, *les communes doivent conserver les noms qu'elles avaient au* 1er *avril* 1814. Telle est donc aujourd'hui la règle qu'on doit suivre, pour cet objet, sauf les autorisations que le Gouvernement accorderait conformément à ce qui est dit ci-après.

143. Le changement du nom d'une commune « est une chose grave, qui ne doit être autorisée que dans des circonstances extraordinaires. » (Avis Com. int., 26 sept. 1832.) — La demande de changement doit être formée par le maire, d'après une délibération du conseil municipal, et adressée au sous-préfet. Le préfet à qui cette demande est transmise, prend à ce sujet les avis du conseil d'arrondissement et du conseil général. La demande est ensuite adressée, avec les délibérations de ces conseils, au Ministre de l'Intérieur, et le changement de nom est autorisé, s'il y a lieu, par un décret délibéré dans le Comité de l'Intérieur, et rendu sur le rapport du Ministre.

144. Lorsque deux ou trois communes sont réunies pour n'en former qu'une seule, le nom de cette nouvelle commune est fixé par la loi ou par le décret qui l'institue.

CHAPITRE III.

ARMOIRIES ET QUALIFICATIONS DES COMMUNES.

145. *Armoiries des communes.*
146. *Qualifications de villes, bourgs et villages.*
147. *Bonnes villes.*

145. *Armoiries.* Un grand nombre de communes possédaient autrefois des *armoiries*, l'un des attributs de la puissance seigneuriale. (V. notre *Précis historique sur les communes*, p. 15.)

Ces emblèmes sont aujourd'hui purement honorifiques pour les communes, comme pour les citoyens ; mais il est naturel qu'elles mettent de l'importance à les conserver, ou qu'elles désirent en obtenir, lorsqu'elles trouvent, dans ces insignes, un solennel témoignage de quelque fait glorieux pour elles.

Une ord. du 26 déc. 1814 autorise les villes et les communes à reprendre les armoiries qu'elles avaient avant 1789.

Lorsqu'un conseil municipal a émis le vœu qu'une demande d'armoiries serait faite, au nom de la commune, cette demande est adressée par le maire au sous préfet, pour être transmise, par l'intermédiaire et avec l'avis du préfet et du Ministre de l'Intérieur, au Garde des Sceaux. Sur le rapport de ce dernier ministre, les armoiries sont accordées, s'il y a lieu.—Les droits à payer pour la délivrance de ces titres sont réglés par l'ord. du 26 déc. 1814. Ils varient suivant l'importance des communes.

146. Un décret du 10 brum. an II ordonne que toutes dénominations de *villes*, *bourgs* et *villages* soient supprimées et y substitue celle de *communes*. Une telle règle était trop contraire à la nature même des choses pour qu'elle pût être observée. Ces diverses dénominations se sont maintenues dans l'usage et ont même servi de base à de nombreuses dispositions de lois. (C. Nap., art. 163; LL. 28 pluv., an VIII, art. 10-12; 28 prair. an XII, art 1, 2, 7; 6 sept. 1807, art. 52; 22 mars 1832, art. 15, 31, 38, 48, 49, 51, 95, 101.) Mais aucune de ces lois ni toute autre n'a défini ce que c'est qu'une *ville*, un *bourg*, un *village*. Un projet de loi avait été préparé, dans ce sens, en 1832, et un article de ce projet portait que les dispositions législatives concernant les villes ne pourraient désormais être appliquées qu'aux localités ayant une population agglomérée de 2,000 habitants au moins :

Le Comité de l'Intérieur au Conseil d'Etat, auquel le projet fut soumis, le repoussa par un avis du 18 sept. 1832, ainsi conçu :

« Considérant que lorsque le mot de *ville* est employé dans la législation, c'est, Paris excepté, sans impliquer aucune différence dans les caractères et les attributions de l'autorité, entre les lieux auxquels s'applique cette locution et les autres communes;

» Que les villes de quelque importance portant ce titre sans contestation, le projet n'intéresserait réellement que les communes dont la population agglomérée est voisine de 2 000 habitants; que, pour ces communes, la qualification de ville, bourg ou village, n'est point uniquement réglée sur la population, abstraction faite de toutes autres circonstances locales; qu'ainsi le projet enlèverait le titre de ville à plusieurs communes, qui n'en seraient peut-être pas privées sans inconvénient et sans regret, tandis qu'en le conférant à certaines agglomérations de cultivateurs il y porterait peut-être le trouble, en y rendant exigible l'application de l'art. 663, C. civ., relatif à la hauteur des murs mitoyens; qu'en conséquence, le projet de loi n'est pas commandé par l'état de la législation, et que les avantages en paraissent douteux; etc. »

Du reste, « lorsque les mots de ville ou de bourg sont employés dans la législation, c'est sans impliquer aucune différence entre les caractères ou les attributions de l'autorité municipale, dans les lieux auxquels s'appliquent ces locutions, et les autres communes. » (Même avis.)

147. *Bonnes villes.* Pendant longtemps un certain nombre de villes de France ont, en outre, porté le titre de *bonnes villes.*

Avant 1789, on appelait ainsi les villes auxquelles le Roi avait accordé le droit de bourgeoisie, avec affranchissement de taille et d'impositions. On trouve des exemples de ces qualifications, dès l'an 1314. — Tant que dura le régime abolitif des priviléges, il n'y eut plus de *bonnes villes;* mais aux termes de l'art. 52 du sénatus-consulte du 28 floréal, an XII, les maires des 36 principales villes de l'Empire devaient assister à la prestation du serment de l'Empereur. Le décret du 3 messidor, an XII, désigne ces 36 villes et les classe suivant le rang qu'elles doivent occuper entre elles. Depuis lors l'on donna le nom de *bonnes villes* à ces 36 villes principales et à d'autres dont les noms sont compris dans des décrets ultérieurs. — Sous la Restauration, le titre de *bonnes villes* fut restitué aux villes qui en avaient joui avant 1789, et fut accordé à quelques autres. — Depuis la révolution de 1830, il n'a plus été question de *bonnes villes*, ni dans des ordonnances, ni dans des décrets.

APPENDICE.

148. Les règles que nous venons d'exposer ont été fréquemment appliquées par le Pouvoir législatif, l'Administration, le Conseil d'État et la Cour de cassation. Nous avons, en conséquence, pensé qu'il serait utile d'offrir à nos lecteurs un choix de décisions émanées de ces divers pouvoirs sur tous les objets que nous avions traités dans ce livre. Nos démonstrations seront ainsi plus faciles à saisir par des exemples, en même temps qu'elles recevront la consécration des plus hautes autorités.

SECTION I. — LOIS.

149. *Loi des 29 juin — 4 juillet 1854, relative à un changement de circonscription entre les communes de Fenioux et de Xaintray.*

Exposé des motifs.

La commune de Fenioux, canton de Coulonges, arr. de Niort, dép. des Deux-Sèvres, a une superficie de 3,829 hectares et 1,601 habitants. Les communications sont fort difficiles dans cette grande étendue pour certaines parties très éloignées du chef-lieu ; elles en sont séparées par un sol montueux, traversé par un cours d'eau qui devient souvent, en hiver, un véritable torrent.

Les habitants du village de Pichenin et des hameaux de la Tressonnière, du moulin de Viette, du petit bois Loudun et de la Rainerie, compris dans la section de Pichenin, commune de Fenioux, demandent un changement de circonscription territoriale moins préjudiciable à leurs besoins, à leurs intérêts, et sollicitent leur réunion à la commune de Xaintray, canton de Champdeniers.

Ils sont à 7 kilomètres environ de leur chef-lieu actuel, tandis qu'ils ne sont qu'à 1,500 mètres au plus de celui de Xaintray, où ils ont toutes leurs relations, où ils vont exercer tous leurs devoirs religieux, quoiqu'ils dépendent de la paroisse de Fenioux.

Cette dernière commune a, comme nous l'avons dit plus haut, 1,601 habitants, 3,829 hectares, 340 francs de centimes additionnels, et 4,324 francs de produits divers ; elle perdrait, par la distraction proposée, 93 habitants, 422 hectares, et 40 francs de revenus communaux.

Xaintray aurait alors 511 habitants, 1,076 hectares, 143 francs de centimes additionnels, et 1,783 francs de revenus divers.

Comme la commune de Xaintray dépend d'un autre canton, l'affaire a dû être aussi instruite au point de vue judiciaire, et elle n'a rencontré aucune difficulté de ce côté.

Tous les Conseils, sauf celui de Fenioux, et toutes les autorités administratives ont émis un avis favorable.

L'Évêque n'attend que le changement de la circonscription administrative pour régulariser, sous le rapport du culte, la situation des habitants de la section Pichenin ; de son côté, son Excellence le Ministre de la justice donne son approbation au projet, au point de vue de l'administration judiciaire, qui ne pourra que gagner par la distraction proposée.

Par tous ces motifs, nous avons l'honneur, Messieurs, de vous proposer l'adoption du projet de loi suivant :

Art. 1er. La section de Pichenin, cotée D sur le plan annexé à la présente loi, est distraite de la commune de Fenioux, canton de Coulonges, arr. de Niort, dép. des Deux-Sèvres, et réunie à la commune de Xaintray, canton de Champdeniers, même arrondissement. — En conséquence, la limite entre les communes de Fenioux et de Xaintray est fixée par le ruisseau de la Rainerie, conformément au tracé teint en bleu sur ledit plan.

Art. 2. Les dispositions qui précèdent auront lieu sans préjudice des droits d'usage ou autres qui pourraient être respectivement acquis. — Les autres conditions de la distraction prononcée seront, s'il y a lieu, déterminées ultérieurement par un décret de l'Empereur.

150. *Loi des 29 juin — 4 juillet 1854, ayant pour objet de distraire plusieurs sections des communes de Crépol, de Montmiral, de Geyssans et d'Arthemonay (Drôme), pour en former une commune séparée sous le nom de Chalon.*

Exposé des motifs.

Les communes de Crépol, de Montmiral, de Geyssans, canton de Romans, arr. de Valence (Drôme), et celle d'Arthemonay, canton de Saint-Donat, même arrondissement, ont une circonscription territoriale telle, que des portions de leurs territoires sont à une distance considérable du chef-lieu communal. Cette circonstance, jointe à la difficulté des communications, en hiver surtout, a déterminé la création d'une succursale dont le territoire est formé des parties les plus excentriques de chacune de ces quatre communes. Le lien ainsi formé entre les habitants de la nouvelle paroisse leur a fait sentir plus vivement encore les difficultés de leurs relations administratives avec leurs communes respectives, et ils demandent aujourd'hui à former une commune séparée.

Cette demande, soumise à l'instruction voulue par la loi, a été repoussée par les Conseils municipaux des quatre communes intéressées, mais par des motifs qui n'ont pas une grande force. La commune de Crépol, en effet, qui a maintenant 1,087 âmes de population et 1,800 francs de revenus, conserverait encore 919 habitants et près de 1,600 francs de revenus. La commune de Montmiral, qui a 2,049 âmes de population, et environ 2,800 fr. de revenus, aurait encore 1,860 habitants et environ 2,500 fr. de revenus. La commune de Geyssans conserverait sa population actuelle, et perdrait seulement 10 francs de revenus. Enfin, la commune d'Arthemonay, qui a maintenant 441 âmes de population et 542 fr. de revenus, aurait encore 421 habitants et 517 fr. de revenus. Quant à la nouvelle commune, dont la circonscription serait celle donnée à la succursale, et dont le chef-lieu serait fixé au village du Chalon, elle aurait 377 âmes de population, et plus de 600 fr. de revenus qui suffiraient à ses dépenses, autant, du moins, qu'on peut le présumer.

Le Conseil de l'arr. de Valence a émis un avis contraire au projet de formation de la nouvelle commune, mais cet avis n'est point motivé. Le Conseil général, au contraire, a fait ressortir toutes les considérations qui militent en faveur de la demande, et le préfet du dép. a également émis un avis favorable. L'autorité judiciaire, qui a dû être consultée, en raison du changement à faire dans les circonscriptions cantonales, insiste vivement pour l'adoption du projet, par des considérations tirées d'une meilleure administration de la justice. La nouvelle commune serait rattachée au canton de Romans, parce que c'est à ce canton qu'appartient déjà la majeure partie du territoire qui la constituerait.

Dans ces circonstances, le Conseil d'État croit devoir, Messieurs, soumettre à votre sanction le projet de loi dont la teneur suit :

Art. 1er. Les sections cotées 1, 2, 3 et 4 sur le plan annexé à la présente loi sont distraites : la première, de la commune de Crépol, canton de Romans, arr. de Valence, dép. de la Drôme; la deuxième, de la commune de Montmiral, même canton; la troisième, de la commune de Geyssans, même canton, et la quatrième, de la commune d'Arthemonay, canton de Saint-Donat, même arrondissement.

Elles formeront, à l'avenir, une commune distincte dont le chef-lieu est fixé au village du Chalon, et qui fera partie du canton de Romans.

Art. 2. La limite entre la commune du Chalon et les communes de Crépol, Montmiral, Geyssans et Arthemonay, est fixée conformément au tracé du liséré rose indiqué audit plan.

Art. 3. Les dispositions qui précèdent auront lieu sans préjudice des droits d'usage ou autres qui pourraient être respectivement acquis. — Les autres conditions de la distraction prononcée seront, s'il y a lieu, ultérieurement déterminées par un décret de l'Empereur.

151. *Loi des 24 juin — 10 juillet 1856, prononçant la réunion de la comm. de Courmononcle à celle de St-Benoit-s.-Vannes (Aube).*

Rapport de la Commissio

(*M. Perret.*)—Nous voyons trop souvent l'administration supérieure embarrassée dans sa marche, paralysée dans l'exécution des améliorations qu'elle conçoit, par des résistances obstinées qui n'ont aucune base sérieuse, aucune raison d'exister, et qui cependant, par leur persistance même, parviennent à éloigner la réalisation de projets dont la sagesse et l'opportunité sont incontestables.

Deux petites communes du département de l'Aube donnent en ce moment un nouvel exemple de cette opposition peu réfléchie, et le Gouvernement vous propose de l'apprécier à sa juste valeur en votant la loi qui vous est soumise.

La commune de Courmononcle, canton d Aix-en-Othe, arr. de Troyes, dép. de l'Aube, possède un territoire d'environ 779 hectares ; sa population est de 95 habitants ; son revenu, en centimes additionnels, de 60 francs seulement. Elle n'a ni église, ni cimetière, ni mairie, ni maison d'école ; elle emprunte, pour son culte et pour l'instruction primaire, l'église et l'école de Saint-Benoît-sur-Vannes, dont le chef-lieu n'est distant du centre du village de Courmononcle que d'un kilomètre environ.

En fait, il y a donc réunion entre les deux communes, et le Préfet de l'Aube, d'accord avec le Conseil général, le Conseil d'arrondissement, les deux Maires, la majorité des habitants, demande qu'une sanction légale soit donnée à cette réunion.

Lors d'une première instruction de cette affaire, un avis favorable à cette réunion avait été formulé par l'un des deux Conseils municipaux, celui de Saint-Benoît-sur-Vannes. Cette première instruction ayant été jugée irrégulière, on a dû la recommencer ; mais certaines influences locales ont profité de cette circonstance pour agir sur l'esprit des membres du Conseil municipal et des plus imposés de Saint-Benoît, et ils repoussent aujourd'hui la réunion projetée à la majorité de neuf voix contre huit.

Le plus simple examen suffit, cependant, pour démontrer l'opportunité de la mesure proposée.

Les recettes de toute nature de la commune de Courmononcle s'élèvent annuellement à la somme de 587 fr. 58 c., mais ses dépenses s'élèvent à celle de 670 fr. 74 c. ; il y a donc tous les ans un excédant des dépenses sur les recettes. Comment cet excédant est-il comblé ?... La souffrance de certains services municipaux pourrait peut-être nous l'expliquer.

La commune de Saint-Benoît-sur-Vannes, au contraire, dont les recettes s'élèvent à la somme de 3,685 fr. 38 c., et les dépenses à celle de 2,957 fr. 75 c., peut disposer annuellement d'un excédant de recettes de 728 francs environ.

Pourquoi la commune de Courmononcle s'oppose-t-elle dès lors à une réunion qui lui permettra de bénéficier de l'excédant de recettes de la commune de Saint-Benoît ? Pourquoi, d'un autre côté, cette dernière commune, qui prête gratuitement son église, son école, ne comprend-elle pas qu'elle supporte seule les frais d'entretien de ses édifices communaux, et bien d'autres charges municipales, dont cependant sa voisine profite comme elle ?

La commune de Courmononcle, en raison de sa faible population, qui se compose de quelques familles seulement, alliées entre elles, parvient très-difficilement à composer une administration municipale (certains procès-verbaux qui se trouvent au dossier l'attesteraient au besoin), et, par sa configuration topographique, elle s'unira très-convenablement à la commune de Saint-Benoît-sur Vannes, dont le chef-lieu sera central pour les deux territoires.

Il faut reconnaître, d'ailleurs, que les motifs d'opposition ne semblent pas sérieux ; les véritables intérêts des deux communes sollicitent la consécration légale d'une réunion de fait, et votre Commission vous propose, en adoptant le projet de loi, de donner ainsi satisfaction aux vœux émis par l'administration du département de l'Aube et par la grande majorité des habitants des deux communes.

Art. 1er. La commune de Courmononcle, canton d'Aix-en-Othe, arr. de Troyes, dép. de l'Aube, est réunie à la commune de Saint-Benoît-sur-Vannes, même canton.

Art. 2. Les dispositions qui précèdent auront lieu sans préjudice des droits d'usage ou autres qui pourraient être respectivement acquis. — Les autres conditions de la réunion prononcée seront, s'il y a lieu, ultérieurement déterminées par un décret de l'Empereur.

152. *Loi des* 22—27 *juin* 1854, *relative à une nouvelle délimitation des communes de Mougins et du Cannet (Var).*

Rapport de la commission.

(*M. le Bon de Veauce.*) La commune du Cannet près Cannes, canton de Cannes, arr. de Grasse (Var), n'était autrefois qu'un hameau. En 1774, elle fut érigée en commune, et accepta comme telle l'étendue de territoire qui lui fut déterminée.

Depuis, grâce à son admirable situation à l'abri des vents du nord, grâce à la fertilité de son sol arrosé de sources nombreuses, grâce enfin à ses magnifiques cultures d'orangers, cette petite commune devint de plus en plus riche, et sa population s'éleva au nombre de 1,591 habitants, tandis que son territoire n'est que de 439 hectares.

La commune de Mougins, au contraire, dont l'étendue est de 2,880 hectares, n'a pour toute population que 1,831 habitants.

Nonobstant cette différence énorme dans l'étendue de leur territoire respectif, chacune de ces deux communes possède un revenu, en produits divers, à peu près analogue. Ainsi Mougins obtient 3,072 fr. 87 c. de revenus, tandis que Cannet, bien moins considérable, jouit de 4,292 francs. Cela tient, je le répète, en grande partie surtout, à l'extension successive dans cette dernière commune de la culture de l'oranger, qui a servi aux développements des distilleries et parfumeries de Grasse.

De là la nécessité pour la commune du Cannet de s'étendre, d'autant plus qu'une nombreuse partie des habitants possède déjà une étendue considérable de terrains, dans le voisinage, faisant partie de la commune de Mougins dont elle est limitrophe, à ce point que plusieurs maisons formant un côté de l'une des rues du Cannet, appartiennent cependant à la commune de Mougins, et que les chemins publics les plus fréquentés à l'usage de la commune du Cannet, se trouvent situés dans la circonscription territoriale de Mougins.

De là des inconvénients graves, au point de vue de l'unité administrative, de la perception de l'octroi établi au Cannet, et de l'exécution des lois de police, indépendamment des inconvénients dans les rapports que les habitants ont entre eux.

C'est donc pour faire cesser cette situation fâcheuse qu'il importe de modifier la circonscription territoriale des deux communes.

Votre Commission, Messieurs, après avoir examiné scrupuleusement les réclamations de la commune du Cannet d'une part, et l'opposition en quelque sorte systématique de la commune de Mougins, de l'autre, est d'avis, avec le Conseil d'Etat, que s'il est utile de faire droit à la demande de la commune du Cannet, il faut aussi reconnaître qu'il y a exagération dans ses prétentions de vouloir l'adjonction à son territoire de 544 hectares.

Après avoir pris connaissance des rapports du Géomètre en chef, du Directeur des contributions, du Sous-Préfet et du Conseil d'arrondissement, du Préfet et du Conseil général du département, qui tous sont d'un avis unanime, votre Commission pense que la limite nouvelle à donner à la commune du Cannet doit être comme l'indique le liséré rouge tracé sur le plan annexé au présent projet de loi.

De la sorte, au lieu de 544 hectares que demandait la commune du Cannet, il ne lui serait donné qu'une portion de terrain de 351 hectares, et celle offerte à la commune de Mougins lui serait abandonnée. La commune de Mougins perdrait, il est vrai, 351 hectares, 101 habitants, et un revenu en centimes additionnels de 112 fr. ; mais cette commune, qui compte 1,831 habitants, dont le territoire est de 2,880 hectares et le revenu en centimes additionnels de 667 fr., supporterait cette perte facilement, puisque la diminution de ses revenus serait compensée par la suppression des frais d'entretien des chemins vicinaux situés sur la portion de territoire qu'il s'agit de réunir à la commune du Cannet, et qui est nécessaire aux besoins de sa population.

En conséquence, Messieurs, votre Commission vous propose, à l'unanimité, l'adoption pure et simple du projet de loi ainsi conçu : etc.

SECTION II. — INSTRUCTIONS ET DÉCISIONS MINISTÉRIELLES.

155. *Circulaire de M. le Ministre de l'Intérieur sur l'instruction des projets de modification aux circonscriptions territoriales actuelles.*

Paris, le 29 août 1849.

Monsieur le Préfet, j'ai remarqué que la plupart des projets de modifications aux circonscriptions territoriales actuelles donnent lieu à des observations et à des renvois qui retardent la décision dont ils doivent être l'objet. Il m'a donc paru nécessaire à la fois de vous rappeler les diverses circulaires de mes prédécesseurs sur l'instruction à faire subir à ces projets, et de vous indiquer les solutions qui ont été données aux difficultés que l'exécution de ces circulaires a fait naître.

Suppression des petites communes.

En principe, Monsieur le Préfet, vous devez rechercher l'occasion de provoquer la suppression des communes de moins de 300 habitants, et leurs réunions aux communes voisines, quand la situation topographique des localités ne s'y oppose pas rigoureusement. Ces communes ne satisfont, en effet, que très-imparfaitement à leurs dépenses obligatoires, et sont forcées de recourir à des impositions extraordinaires qui surchagent les contribuables. D'un autres côté, le petit nombre de leurs habitants ne permet que difficilement d'y trouver des administrateurs municipaux éclairés ou pouvant donner un temps suffisant aux travaux de la mairie.

Vous devez, par la même raison, rejeter, sauf le cas de nécessité, toute demande d'érection en commune formée par une localité dont la population ne serait pas au moins de 300 habitants. Si des considérations topographiques vous paraissaient motiver cette demande, il serait préférable de provoquer de l'autorité compétente une mesure qui attacherait au chef-lieu de la section ou du hameau intéressé un officier de l'état civil, plutôt que de consentir au démembrement d'une forte commune, et à la création d'une commune nouvelle qui n'aurait pas les éléments d'une bonne organisation municipale.

Un grand nombre de sections motivent leur demande d'érection en commune sur ce fait : que leurs intérêts matériels sont systématiquement négligés par l'autorité municipale, et que toutes les ressources de la commune sont dépensées au profit du chef-lieu. Il arrive très-souvent que ces griefs sont fondés. Dans ce cas, avant de donner suite à la demande en distraction, vous devrez intervenir auprès de l'autorité municipale et vous efforcer d'obtenir qu'il soit satisfait aux besoins légitimes de la localité qui se prétend lésée. Vous pourrez même, si une intervention officieuse de votre part restait sans résultat, user de la faculté que vous donne l'article 45 de la loi du 21 mars 1831 (1), pour procurer à cette localité un plus grand nombre de représentants au sein du Conseil municipal, de manière à assurer une gestion plus équitable de ses intérêts.

Plan des lieux.

Malgré les prescriptions contenues dans la circulaire du 1er octobre 1839 sur l'échelle à donner aux plans des lieux selon l'importance des projets, plusieurs de vos collègues m'ont envoyé, tantôt des plans dont les dimensions trop considérables et le luxe graphique avaient imposé aux localités de fortes dépenses, tantôt des plans dont les proportions trop réduites ne permettaient pas d'apprécier l'importance des nouvelles circonscriptions demandées.

Il est arrivé fréquemment que les plans des lieux n'indiquaient pas distinctement les anciennes délimitations et celles qu'il était question d'y substituer.

Plus souvent encore ces plans ne contenaient pas de légende explicative, et les préfets ne les avaient pas visés.

Je vous recommande de veiller à ce que les indications données à ce sujet par la circulaire précitée soient à l'avenir exactement suivies.

Vous n'oublierez pas que tous les projets de circonscriptions territoriales devant, aux termes de l'art. 76 de la Constitution, être désormais l'objet d'une disposition législative (2), vous devez

(1) Aujourd'hui remplacé par l'art. 7 de la loi du 5 mai 1855.

(2) La Constitution de 1848 étant abrogée, on en est revenu, sur ce point, aux dispositions de l'art. 4, § 1, de la loi du 18 juillet 1837. (Voir *suprà*, nos 40 et 41.) — Il faut donc, pour le nombre des plans, s'en rapporter à ce qui est dit, *suprà*, n° 29.

m'envoyer les plans des lieux en triple exemplaire, et en quatre exemplaires quand il s'agit de deux départements.

Frais auxquels la préparation des plans donne lieu.

La production des plans donne lieu à des frais dont le paiement est souvent l'objet de difficultés, les communes se refusant à les payer, et ces dépenses, qui ne rentrent pas dans la catégorie de celles que la loi du 18 juillet 1837 déclare obligatoires, ne pouvant être inscrites d'office par les préfets sur les budgets communaux. Pour prévenir le retour de ces difficultés, vous voudrez bien, à l'avenir, lorsque l'initiative des projets sera prise par des communes, des sections, des hameaux ou des particuliers, mettre les auteurs de ces projets en demeure de vous fournir, à leurs frais, un plan conforme aux indications que vous leur donnerez.

Lorsque vous croirez devoir prendre cette initiative, Monsieur le Préfet, au point de vue, soit de l'intérêt général, soit de l'intérêt des localités, vous devrez demander au Conseil général de porter au budget départemental un crédit qui vous permette d'acquitter les frais de plans.

Tableaux statistiques.

Les tableaux statistiques, dont la circulaire du 1er octobre 1839 vous donne les modèles, indiquent le chiffre des revenus et des dépenses ordinaires des communes. Cette indication a été reconnue insuffisante, parce qu'elle ne permet pas toujours d'apprécier exactement leur situation, qui est, cependant, l'un des motifs déterminants du rejet ou de l'approbation des projets. J'ai eu, en outre, l'occasion de vérifier que les bases d'après lesquelles les revenus sont établis dans ces tableaux varient souvent ; il en résulte que, dans beaucoup de cas, la valeur de ce renseignement est au moins contestable. J'ai été ainsi amené à penser que la production des budgets de la commune ou des communes intéressées, comme annexe des tableaux statistiques, serait utile, en ce qu'elle permettrait de contrôler l'exactitude de ces tableaux. En conséquence, toutes les fois que vous aurez à m'adresser des projets relatifs à des changements de circonscriptions territoriales, vous voudrez bien y joindre les budgets.

Vous aurez soin, d'ailleurs, de viser les tableaux statistiques, formalité dont je constate fréquemment l'omission.

Commissions syndicales.

La formation des Commissions syndicales donne lieu à des doutes de la part de MM. les Préfets, lorsqu'il s'agit d'instruire des projets qui intéressent plusieurs hameaux. En principe, il serait à désirer qu'une Commission fût élue dans chacune de ces localités. Si le chiffre de la population ne le permettait pas, il serait convenable de diviser ces hameaux en groupes ayant des intérêts séparés, et de faire représenter chacun de ces groupes par une commission distincte.

Je n'ai pas besoin de vous faire remarquer que le principe du suffrage universel s'applique aux élections des commissaires syndicaux comme à toutes les autres.

Renseignements sur la circonscription religieuse.

J'ai eu, maintes fois, à signaler l'absence au dossier de documents sur la circonscription religieuse des localités dont on propose de modifier la circonscription territoriale; vous reconnaîtrez cependant qu'il y a un grand intérêt à faire concorder les deux circonscriptions, pour que les habitants puissent accomplir au même chef-lieu leurs devoirs religieux et les obligations que la loi civile leur impose. On leur évite ainsi des déplacements, qui, dans les campagnes surtout, sont toujours onéreux. On satisfait, en outre, aux légitimes exigences de ce grand et salutaire principe de l'unité, qui fait la force de l'administration française. Vous devrez donc me dire, par exemple, si la section ou le hameau que vous proposez de distraire d'une commune pour l'annexer à une autre commune, ou l'ériger en commune distincte, fait partie de la même paroisse ou de la même succursale que la commune au préjudice de laquelle la distraction est demandée, ou que celle au profit de laquelle l'annexion doit avoir lieu. Cette indication est de nature à exercer une grande influence sur la suite à donner au projet ; j'ajouterai que le Conseil d'Etat l'a souvent réclamée.

Enquêtes.

La circulaire du 20 août 1825 vous recommande de ne jamais choisir pour Commissaires enquêteurs les Maires des communes intéressées, ces magistrats pouvant exercer sur les comparants une influence défavorable à la libre manifestation de leur opinion. La même circulaire vous autorise à confier aux Juges de paix la mission de diriger les enquêtes. Cette autorisation doit être restreinte au cas où elles seraient ouvertes au chef-lieu même du canton, à moins que ces magistrats ne consentent à se rendre dans les autres localités du ressort, en vous faisant positivement connaître que ce déplacement ne leur est nullement onéreux, ne motivera, par conséquent, de leur part, aucune demande d'indemnité (circonstance qui vient de se produire récemment) et ne nuira pas à l'administration de la justice.

Je verrais avec plaisir que le Commissaire enquêteur joignît toujours au procès-verbal de l'enquête son opinion sur le mérite de la circonscription proposée et résumât numériquement le nombre des témoignages favorables ou contraires au projet.

Délibérations des Conseils électifs.

Vous veillerez à ce que les délibérations des Conseils électifs soient toujours motivées.

Avis du Géomètre en chef du cadastre.

Les circulaires vous recommandent de prendre, sur les projets de circonscription territoriale, l'avis du Géomètre en chef de votre département ; mais il peut arriver que le cadastre y soit terminé et que, par conséquent, cet agent ait cessé son service. S'il en est ainsi, vous voudrez bien m'en avertir par votre lettre d'envoi, pour m'éviter toute demande de renseignements à ce sujet.

Ordre à suivre dans l'instruction.

Plusieurs de vos collègues ont cru pouvoir intervertir l'ordre dans lequel les diverses formalités de l'instruction doivent être accomplies. C'était mal interpréter les circulaires ; il est certain, en effet, que toutes les parties de cette instruction s'enchaînent méthodiquement, et qu'il n'est pas rationnel, par exemple, de saisir le Conseil d'arrondissement ou le Conseil général de l'examen d'un projet sur lequel la Commission syndicale, le Conseil municipal, les habitants des deux localités intéressées, n'ont pas été appelés à donner leur avis, qui est un des principaux éléments d'appréciation de ces assemblées.

Désignation des chefs-lieux et du nom à donner aux communes.

J'ai remarqué que les Conseils électifs appelés à délibérer sur les projets de circonscription omettent généralement, en cas de formation ou de réunion de communes, de désigner la localité où sera établi le chef-lieu ainsi que le nom à donner à la commune nouvelle. Je vous prie de veiller à ce qu'il en soit autrement à l'avenir.

Condition des changements de délimitation.

Je crois devoir appeler de nouveau votre attention sur la circulaire du 29 janvier 1848. Elle vous prescrit de soumettre à une instruction simultanée le projet de modifications aux circonscriptions et les conditions auxquelles ces modifications doivent être opérées. Elle se propose ainsi de prévenir les difficultés et même les procès qui suivent souvent la nouvelle délimitation, en ce qui concerne le partage des biens communaux indivis, ou tout autre intérêt matériel. Lorsque les projets seront de nature à ne provoquer aucune des contestations litigieuses que prévoit la circulaire précitée, vous voudrez bien mentionner cette circonstance dans votre avis motivé.

Compétence en matière de délimitation.

La Constitution de 1848, en obligeant à soumettre à la sanction du Pouvoir législatif tous les projets qui ont pour but de modifier les circonscriptions territoriales des départements, arrondissements, cantons et communes (1), n'a rien innové en ce qui concerne la fixation des chefs-lieux, les changements de noms et les suppressions d'enclaves qui continuent à être l'objet d'une décision du Pouvoir exécutif. Toutefois, une disposition législative me paraît nécessaire, lorsqu'il s'agit de changer les chefs-lieux des arrondissements et des départements, mesure qui peut apporter de graves perturbations dans des intérêts nombreux et respectables.

Quant aux simples contestations de limites entre communes d'un même département, elles doivent être résolues, comme par le passé, par un arrêté préfectoral, conformément à l'ordonnance du 3 octobre 1821, et au règlement de même date sur le cadastre.

Instruction des projets de modifications aux circonscriptions cantonales.

On m'a souvent consulté sur la nature de l'instruction à laquelle doivent être soumis les projets de modifications aux circonscriptions cantonales. D'après l'usage et la jurisprudence constante du Conseil d'État, il y a lieu d'appeler à en délibérer les Conseils municipaux des communes qui dépendent de ces circonscriptions, le Conseil d'arrondissement et le Conseil géné-

(1) V. la note 2 de la page 129.

ral. En me transmettant le résultat de ces diverses délibérations, vous devez y joindre votre avis motivé, ainsi qu'un croquis visuel indiquant l'étendue territoriale des cantons intéressés.

Bordereau des pièces.

Je vous engage à joindre à vos lettres d'envoi un bordereau détaillé de toutes les pièces composant le dossier; vous pourrez ainsi vous assurer vous-même et vous me donnerez en même temps le moyen de vérifier facilement si vous n'avez omis aucune des formalités à remplir. Le bordereau servira de chemise au dossier.

Époque de l'envoi des dossiers.

Vous devez être en mesure de m'envoyer tous les projets de circonscription territoriale qui concernent votre département dans le courant du mois de janvier au plus tard, l'instruction de ces projets ayant été complétée par l'avis des Conseils généraux. Un grand nombre de vos collègues ne me les adressent cependant qu'à une époque fort reculée et quelquefois seulement dans le dernier mois qui précède la réunion de ces assemblées. Une pareille négligence a d'abord cet inconvénient général, que les projets dont il s'agit ne reçoivent que très-tardivement la suite dont ils sont susceptibles, au préjudice des localités intéressées; elle a, en outre, ce résultat fâcheux de laisser croire, soit à ces localités, soit aux Conseils généraux, qui ne connaissent pas la date exacte de l'envoi des pièces au Ministère, que la cause du retard provient uniquement des bureaux de l'administration centrale.

Je vous prie, Monsieur le Préfet, de lire avec la plus grande attention les prescriptions contenues dans cette instruction, dont vous voudrez bien m'accuser réception.

Recevez, etc.

Le Ministre de l'Intérieur,

J. DUFAURE.

154. *Dette communale. — Aliénation des biens communaux appartenant à une section.* — Un Conseil municipal peut-il proposer l'aliénation des biens communaux appartenant exclusivement à une section, pour employer le produit de la vente à l'amortissement d'une dette communale? — Non; parce qu'une seule section n'est pas tenue de subvenir au paiement d'une dette qui porte sur toute la commune. Elle ne doit y contribuer que dans la proportion, soit du nombre de ses feux, soit du montant de ses contributions, suivant la nature de l'obligation. (*Décis. Min. Int.*, 3 avril 1839.)

155. *Partage de jouissance, entre tous les habitants de la commune, indistinctement, de biens appartenant à plusieurs sections distinctes.* — L'orsqu'un Conseil municipal a délibéré le partage de jouissance des biens communaux de toutes les sections, quelle que soit l'étendue relative de ces biens, peut-il délibérer que tous ces communaux ne formeront qu'une masse qui sera partagée d'une manière uniforme entre tous les habitants de la communauté? — Non; parce que, d'après les lois des 10 juin 1793 et 18 juillet 1837, chaque section conserve séparément la propriété et la jouissance des biens ruraux qui lui appartiennent en propre. (*Décis. Min. Int.*, 3 avril 1839.)

156. — *Intérêts concernant plusieurs communes. — Commission syndicale. — Choix du syndic.* — Aux termes de l'art. 70 de la loi du 18 juill. 1837, lorsque plusieurs communes possèdent des biens ou des droits par indivis, un décret impérial doit instituer, si l'une d'elles le réclame, une Commission syndicale composée de délégués des Conseils municipaux des communes intéressées.

La gestion de ces intérêts appartient à cette Commission.

Aux termes de l'art. 71 de la loi précitée, la Commission syndicale est présidée par un syndic qui est nommé par le Préfet et chosi parmi les membres qui la composent.

Un Préfet a demandé si ces dispositions avaient été modifiées implicitement par la loi du 7 juill. 1852, et si cette dernière loi, qui permet de choisir le Maire en dehors du Conseil municipal, permet aussi, par analogie, de choisir le syndic en dehors de la Commission. — Répondu négativement. (*Décis. Minis. Int.*, 31 mars 1853.)

157. *Frais de procès. — Emprunts. — Refus de délibérer du Conseil municipal. — Marche à suivre.* — Une section de commune, après avoir plaidé et obtenu gain de cause contre la commune dont elle fait partie, demande l'autorisation de contracter un emprunt pour subvenir au paiement des frais de justice devenus exigibles. — Le Conseil municipal de la commune, appelé à voter sur cet objet, refuse d'approuver la demande. — En cet état, l'Administration supérieure ne peut autoriser l'emprunt contrairement au vote du Conseil municipal; mais ce Conseil doit être mis en demeure de voter soit une imposition extraordinaire pesant sur les seules contribuables de la section, soit l'aliénation de biens (autres que les biens litigieux) appartenant à la section. — En cas de refus, il sera procédé conformément aux art. 39 et 46 de la loi du 18 juillet 1837. (*Décis Min. Int.*, 1853. — *C. Huismes.*)

SECTION III. — JURISPRUDENCE ADMINISTRATIVE.

BIENS COMMUNAUX INDIVIS. — PARTAGES. — PROPRIÉTÉ. — CONTESTATIONS. — COMPÉTENCE.

158. Tribunal des conflits. — 7 mai 1850.

Un Tribunal civil, saisi d'une demande en partage de biens indivis entre plusieurs communes, est compétent pour connaître des questions de propriété agitées au principal ou qui pourront surgir incidemment entre les communes litigantes. — Mais il n'appartient qu'à l'autorité administrative de procéder aux opérations du partage et de statuer sur les contestations qui pourront s'élever à raison du mode de partage.

Les communes d'Echillais, Lavallée, Saint-Hippolyte et autres, du département de la Charente-Inférieure, possèdent, par indivis, des marais, pâtis, bruyères, bois et ajoncs d'une superficie totale de 100 hectares environ. En 1838, la commune d'Echillais forma une demande en partage devant le Tribunal civil de Saintes, et conclut à la nomination d'experts. Le 7 mars 1848, le procès étant encore pendant, le Commissaire du Gouvernement dans le département de la Charente-Inférieure proposa le déclinatoire tendant à conflit, sur la partie des conclusions de la commune d'Echillais relative aux opérations du partage, notamment à la nomination d'experts. Le déclinatoire était fondé sur la loi des 10 et 11 juin 1793, qui dispose, section V, art. 1er : « Les contestations qui pourront s'élever à raison du mode de partage entre les communes seront terminées sur simple mémoire par le Directoire du département, d'après l'avis de celui du district. »

Par jugement du 6 août 1849, le Tribunal de Saintes rejeta le déclinatoire, et se déclara compétent pour statuer, non-seulement sur les questions de propriété qui pourraient naître des prétentions respectives des parties, mais encore pour connaître de toutes les opérations relatives au partage, en vertu de l'art. 472 C. pr. civ., suivant lequel l'exécution des jugements appartient aux tribunaux qui les ont rendus. Sur la communication de ce jugement, le Préfet éleva le conflit, par un arrêté du 1er septembre suivant.

Le Tribunal des conflits, après avoir entendu le rapport de M. Mesladier, et sur les conclusions de M. Vuitry, suppléant du Commissaire du Gouvernement, statua en ces termes :

« Vu la loi du 10 juin 1793, section V, la loi du 9 ventôse an X; vu la loi du 18 juillet 1837; — Considérant que le Tribunal de Saintes s'est déclaré compétent pour connaître des questions de propriété agitées au principal, ou qui pourraient surgir incidemment entre les communes litigantes; — Que cette compétence incontestable n'a jamais été revendiquée soit par le déclinatoire, soit par l'arrêté de conflit; — Mais considérant que le Tribunal de Saintes s'est déclaré compétent, *même pour connaître de toutes les questions relatives au partage demandé*; — Considérant que la loi du 18 juin 1793, section V, art. 1er, attribue formellement à l'autorité administrative les opérations et les contestations à raison du mode de partage des biens communaux ou indivis entre plusieurs communes; — L'arrêté de conflit pris par le Préfet de la Charente-Inférieure, le 1er sept. 1849, est confirmé en tant qu'il revendique pour l'autorité administrative le droit de procéder aux opérations du partage, et de statuer sur les contestations qui pourront naître à raison du mode de partage. »

SECTION DE COMMUNE ÉRIGÉE EN COMMUNE DISTINCTE. — BIENS DE L'ANCIENNE COMMUNE. — PARTAGE. — SOMMES DISPONIBLES DANS LA CAISSE COMMUNALE, AU MOMENT DE LA SÉPARATION. — COMPÉTENCE.

159. Conseil d'Etat. — 18 mai 1854.

Lorsqu'une section de commune, érigée en commune distincte, réclame, après sa séparation, des droits de propriété et de jouissance sur les biens de l'ancienne commune, c'est à l'autorité judiciaire qu'il appartient d'apprécier le mérite de cette réclamation; et si elle la reconnaît fondée, elle peut, sur la demande de la commune, décider qu'il y a lieu à partage pour faire cesser l'indivision, en renvoyant devant l'autorité administrative pour opérer le partage.

S'agit-il, non plus du partage des biens communaux, mais de la répartition des sommes qui se trouvaient disponibles dans la caisse communale au moment de la séparation, l'autorité judiciaire n'est pas compétente pour connaître de cette répartition.

Elle rentre dans les conditions de la séparation qui, d'après l'art. 7 de la loi du 18 juillet 1837, sont fixées par l'acte même qui prononce cette séparation, ou, à défaut de cet acte, par un acte du Chef du Pouvoir exécutif, rendu ultérieurement sur le rapport du Ministre de l'intérieur.

L'arrêté par lequel le Préfet ferait cette répartition serait entaché d'excès de pouvoirs, et pourrait, en conséquence, être attaqué directement devant le Conseil d'Etat, par la voie contentieuse, d'après la loi des 7-14 oct. 1790.

La circonstance que l'une des communes, voulant empêcher de comprendre une certaine somme dans la séparation, se prévaudrait d'actes du Chef du Pouvoir exécutif antérieurs à la séparation, qui auraient affecté cette somme à un service spécial, est encore un motif pour réserver au chef du Pouvoir exécutif le droit de statuer sur cette répartition : à lui seul, en effet, il appartient de déterminer le sens et la portée des actes invoqués.

Les faits de la contestation ressortent si nettement et si complétement du texte même du décret, qu'on croit devoir se borner à le reproduire.

« Vu la requête présentée pour la commune de Catillon, agissant poursuites et diligence de son maire, ladite requête enregistrée au secrétariat du contentieux le 30 juillet 1849, et tendant à ce qu'il plaise : 1° annuler, attendu qu'elle aurait pour résultat de détruire les effets de deux ordonnances royales des 5 janvier 1839 et 21 juin 1841, la disposition d'un arrêté en date du 7 mai 1849, par lequel le Préfet du Nord a déclaré la commune de Catillon débitrice, envers celle de La Groise, au 1er janvier 1849, d'une somme de 12,995 francs 37 centimes, pour fonds disponibles et fruits perçus, à la charge, par la commune de La Groise, de continuer à payer à celle de Catillon un loyer annuel de 671 francs 80 centimes, pour l'usage de l'église, jusqu'à ce qu'elle ait obtenu son érection en succursale ; 2° condamner la commune de La Groise aux dépens ;

» Vu le jugement, en date du 17 juillet 1844, par lequel le Tribunal civil de l'arrondissement de Cambrai ordonne qu'il sera procédé au partage des biens communaux de l'ancienne commune de Catillon, entre cette commune et celle de La Groise ; que ce partage sera effectué par feux ; qu'il sera également procédé au partage des fruits perçus depuis que la section de La Groise a été séparée de Catillon et érigée en commune distincte ; renvoie les parties devant l'autorité administrative pour les formalités du partage ; condamne la commune de Catillon aux frais du procès ;

» Vu l'arrêté en date du 7 mai 1849, par lequel le préfet du Nord, après avoir approuvé (dans l'article 1er) un procès-verbal d'experts, en date du 29 août 1845, contenant le partage et la division des biens immeubles de l'ancienne commune de Catillon, entre la nouvelle commune de ce nom et celle de La Groise, déclare (art. 2) que la commune de Catillon est débitrice envers celle de La Groise, au 1er janvier 1849, de la somme de 12,995 fr. 37 centimes pour fonds disponibles et fruits perçus, à charge par la commune de La Groise de continuer à lui payer un loyer annuel de 671 francs 80 centimes pour l'usage de l'église, jusqu'à ce qu'elle ait obtenu son érection en succursale ;

» Vu la délibération en date du 14 mai 1849, par laquelle le Conseil municipal de Catillon autorise le Maire de ladite commune à se pourvoir au Conseil d'Etat contre l'arrêté ci-dessus visé, dans la disposition portant liquidation de l'encaisse entre la commune et l'ancien hameau de La Groise ;

» Vu les observations du Ministre de l'Intérieur, en réponse à la communication qui lui a été donnée du pourvoi de la commune de Catillon, lesdites observations enregistrées au secrétariat du contentieux le 1er juin 1850 ;

» Vu le mémoire contenant des observations additionnelles et des conclusions nouvelles pour la commune de Catillon ; ledit mémoire enregistré comme dessus, le 7 novembre 1850, et tendant à ce qu'il nous plaise annuler l'arrêté attaqué, pour excès de pouvoirs, attendu : 1° que, d'après l'art. 7 de la loi du 18 juillet 1837, lorsqu'une loi a autorisé la séparation de deux communes, sans déterminer les conditions de cette séparation, c'est par un acte, non de l'autorité préfectorale, mais du Chef du Pouvoir exécutif, que ces conditions doivent être ultérieurement réglées ; 2° que, d'après l'article 46 de la même loi, c'est encore au Chef du Pouvoir exécutif, et non aux Préfets, qu'il appartient d'approuver le partage de biens dont la valeur excède 3,000 fr.[1];

» Vu le mémoire en défense, pour la commune de La Groise, représentée par son maire, ledit mémoire enregistré comme dessus, le 16 décembre 1850, et tendant à ce qu'il plaise déclarer le pourvoi de la commune de Catillon non recevable comme s'attaquant à un acte d'instruction et non à un acte de juridiction ; subsidiairement, déclarer le pourvoi mal fondé, et, dans tous les cas, condamner la commune de Catillon aux dépens ;

» Vu les autres pièces produites et jointes au dossier ;

» Vu la loi du 18 juillet 1837, sur l'administration municipale, notamment l'art. 7 ;

» Vu la loi du 13 juin 1841, qui distrait, de la commune de Catillon, la section de La Groise et l'érige en commune, notamment l'art. 3 portant : « Les dispositions qui précèdent auront lieu sans préjudice des droits d'usage et autres qui seraient respectivement acquis. — Les autres conditions de la distraction prononcée seront, s'il y a lieu, ultérieurement déterminées par une ordonnance du Roi ;

» Vu la loi des 7-14 octobre 1790 ;

» Considérant que, par son jugement en date du 17 juillet 1844, passé en force de chose jugée, le Tribunal civil de l'arrondissement de Cambrai, après avoir décidé que la commune de La Groise avait droit au partage des biens communaux de l'ancienne commune de Catillon et à celui des fruits perçus depuis La séparation, a renvoyé les parties devant l'autorité administrative pour la formalité du partage ;

» Qu'en suite de ce jugement, il a été procédé, par experts, au partage, entre la nouvelle commune de Catillon et celle de la Groise, des immeubles possédés par indivis, et à la répartition du produit des fruits perçus depuis la séparation ;

» Que la commune de Catillon a contesté cette répartition, comme ayant été faite en violation de droits acquis, en tant qu'elle comprenait une somme de 23,000 francs provenant du défrichement d'un bois communal, qui se trouvait dans la caisse municipale au moment de la séparation, mais qui aurait été spécialement affectée, par des ordonnances royales du 5 janvier 1839 et du 21 juin 1841, au payement des frais de construction d'une église ;

[1] Ceci n'existe plus depuis le décret du 25 mars 1852. — V. *suprà*, n° 85.

» Que, d'après sa nature et le renvoi fait par le Tribunal de Cambrai, cette contestation devait être appréciée par l'autorité administrative ;

» Mais que, aux termes de l'art. 7 de la loi du 18 juillet 1837, et de l'art. 3 de la loi du 13 juin 1841, c'est au Chef du Pouvoir exécutif qu'il appartenait de régler la situation des deux communes ; que, d'ailleurs, il y avait lieu de déterminer le sens et les effets des deux ordonnances royales invoquées par la commune de Catillon à l'appui de ses prétentions ; qu'il suit de là que l'arrêté du 8 mars 1749 a été pris par le Préfet du Nord en dehors de la limite de ses pouvoirs ;

» Que la commune de Catillon est recevable, aux termes de la loi des 7-14 oct. 1790, à nous déférer cet arrêté en notre Conseil d'Etat, et qu'il y a lieu par nous d'en prononcer la réformation.

» L'arrêté pris, le 7 mai 1849, par le Préfet du Nord, est annulé, pour excès de pouvoirs, dans la disposition par laquelle il a déclaré la commune de Catillon débitrice envers celle de La Groise d'une somme de 12,995 francs 37 centimes pour fonds disponibles au moment où la section de La Groise a été érigée en commune distincte, et pour fruits perçus depuis cette érection. — Il sera statué ultérieurement sur les prétentions respectives des communes de Catillon et de La Groise. — Les dépens sont compensés entre les parties. »

PARTAGE DE BIENS INDIVIS. — VALIDITÉ. — PROPRIÉTÉ. — PRESCRIPTION. — COMPÉTENCE.

160. Conseil d'État. — 17 mai 1855.

Les contestations relatives à l'existence et aux effets d'un partage opéré, par l'administration, de biens commun aux indivis entre plusieurs communes, sont de la compétence exclusive du Conseil de préfecture. — Mais l'autorité judiciaire peut seule apprécier les prétentions de l'une des communes copartageantes à la propriété de terrains compris dans le lot d'une autre commune et qu'elle aurait prescrits depuis le partage. — Cette prescription du reste, si elle était reconnue, ne compromettrait point la validité du partage.

» Vu la loi des 28 août, — 14 sept. 1792 ; — Vu la loi du 10 juin

1793; — Vu la loi du 9 vent. an XII, art. 6; — Vu le décret du 4e jour compl. an XIII; — Vu l'ord. du 23 juin 1819; — En ce qui touche la dispositions par laquelle l'arrêté attaqué a déclaré valable et obligatoire le partage du 29 oct. 1814; — *Sur la compétence:* — Considérant que les communes de Valergues, Saint-Géniès et Saint-Brès soutiennent que le partage des biens indivis entre les douzes communes comprises dans les limites de l'ancienne baronie de Lunel, partage opéré administrativement, de 1812 à 1817, ne peut être considéré comme valable et ne peut lier aujourd'hui les communes entre lesquelles il a été fait; — Considérant qu'en vertu de la loi du 10 juin 1793, sect. V, art. 1 et 2, et de la loi du 9 vent. an XII, c'est au Conseil de préfecture qu'il appartient de reconnaître et déclarer l'existence et les effets d'un partage de biens communaux indivis entre plusieurs communes, opéré par l'administration; — Que dès lors c'est avec raison que le Conseil de préfecture du départ. de l'Hérault a statué sur la demande à lui soumise par la commune de Lansargues, à fin de déclaration de l'existence et des effets du partage des biens indivis entre les douze communes que comprenait l'ancienne baronie de Lunel; — *Sur la question d'existence du partage;* — Considérant que le partage opéré, de 1812 à 1817, a été mis à exécution; que, par ordre de l'administration, il a été procédé, au moyen de placement de bornes, à la délimitation de chacun des lots, et notamment à la délimitation du lot de la commune de Lansargues situé dans les territoires des communes de Verargues, Valergues, Saint-Géniès et Saint-Brès; que dix des communes copartageantes, et notamment les communes de Valergues, Saint-Géniès et Saint-Brès, qui réclament aujourd'hui, sont en possession exclusive des lots que ce partage leur assigne; — Que si la commune de Lansargues a récemment perdu la jouissance d'une partie des terrains qui forment son lot, cette circonstance ne saurait prévaloir contre l'exécution complète donnée à l'ensemble des dispositions de l'acte du 29 oct. 1814: — Que, dans ces circonstances, lesdites communes de Valergues, Saint-Géniès et Saint-Brès sont non recevables à contester la validité d'un partage depuis longtemps exécuté;

En ce qui touche la disposition par laquelle le Conseil de préfecture s'est réservé de statuer sur le délaissement des terrains usurpés, sans renvoyer aux Tribunaux la connaissance du moyen de prescription opposé par les communes de Valergues, Saint-Géniès et Saint-Brès; — Considérant que si les communes de Valergues, Saint-Géniès et Saint-Brès allèguent que, postérieurement à ce partage, dont elles ne peuvent plus aujourd'hui contester la validité et la force obligatoire, elles ont acquis par prescription la propriété de terrains compris dans les lots attribués aux autres communes, c'est à l'autorité judiciaire qu'il appartient d'apprécier cette prescription.

« Art. 1er. Les conclusions des communes de Valergues, Saint-Géniès et Saint-Brès, à fin de déclaration de nullité du partage administratif accompli, de 1812 à 1817, sont rejetées, sauf aux dites communes à se représenter devant l'autorité compétente pour soutenir, si elles s'y croient fondées, que, postérieurement au partage, et contrairement à ses dispositions, elles ont acquis par prescription la propriété des terrains compris dans le lot de la commune de Lansargues ;

» Art. 2. L'arrêté est réformé en ce qu'il aurait de contraire au précédent article. »

161. — Lorsque, sur une demande en nullité d'un partage de biens communaux indivis, une des sections prétend être, en vertu de sa possession immémoriale, propriétaire exclusive d'une portion desdits biens, le Conseil de préfecture doit surseoir à statuer, en ce qui concerne cette portion, jusqu'à ce qu'il ait été prononcé par les Tribunaux civils sur la question de propriété soulevée. En conséquence, ledit Conseil commet un excès de pouvoir, lorsque, sans s'arrêter à l'exception de propriété, il ordonne immédiatement que la totalité des biens litigieux sera rendue à la jouissance commune des sections. (C. d'État, 28 janv. 1848 ; *C. de Dampierre.*)

162. — Le conseil de préfecture est incompétent pour statuer sur une demande en délimitation et bornage de terrains dont une commune a été définitivement reconnue propriétaire. Les demandes de ce genre doivent être adressées au Préfet ; mais les tribunaux seuls doivent prononcer en cas de contestations. (C. d'État, 8 juin 1850 ; *Maire de Mazan.*)

Biens communaux indivis. — Partage. — Compétence.

163. **Cour de cassation, Ch. req. — 25 avril 1853.**

Lorsque des biens indivis entre communes ou sections ont été partagés entre elles d'après d'anciens titres, et que ce partage a reçu la consécration d'une longue possession de part et d'autre, il ne peut plus être attaqué.

« Attendu que l'acte de partage, attaqué par la commune de Busseau, remontait à 1632; que, depuis cette époque jusqu'en 1802, c'est-à-dire *pendant* 170 *ans,* ce partage a reçu, tant de la part de la commune demanderesse que de la part du hameau de la Grange-Didier, formant, d'après les faits reconnus par l'arrêt, une section distincte de la commune de Busseau, une exécution paisible et non interrompue ; que, de plus, ce partage avait été fait d'après les titres anciens, produits par chacune des parties copartageantes ; d'où suit que les lois, soit de 1792 et 1793, soit du 9 ventôse an XII, n'étaient pas applicables à l'espèce et que l'arrêt attaqué, en jugeant que le hameau de Grange-Didier avait à la fois titre et possession pour être maintenu dans les effets d'un partage d'une exécution plus que centenaire, n'a contrevenu à aucune loi ; — Rejette. »

---

164. Cour de cassation, Ch. civ. 23 avril 1855. — C. d'Huismes C. section de Saint-Mexme.

Les sections de commune restent, après leur réunion à une autre commune, propriétaires des biens dont elles avaient la jouissance en nature avant cette réunion. — Mais ces biens peuvent être affermés ou vendus au profit de la commune tout entière, par le Maire et le Conseil municipal, conformément aux règles fixées pour les aliénations ou les baux de biens communaux. L'autorité supérieure, auprès de laquelle les habitants de la section peuvent se pourvoir par toutes les voies de droit, est seule compétente pour apprécier la convenance et l'utilité de ces actes.

La Cour d'Orléans avait ainsi statué, par un arrêt du 7 juin 1851 :

« Considérant, *en droit,* que la part indivise que la section de Saint-Mexme-les-Champs, réunie à la commune d'Huismes, avait dans cette compascuité desdits communaux, n'est pas devenue, par le fait de la réunion, la propriété de la commune d'Huismes, mais est restée la propriété exclusive et privative de la section de Saint-Mexme ; — Qu'en effet, l'art. 2 de la loi du 10 juin 1793, qui, en cela, n'a fait que consacrer les anciens principes, établit que si une municipalité est composée de plusieurs sections différentes et si chacune d'elles a des biens communaux séparés, les habitants seuls de la section qui jouissait du bien communal ont droit au pâturage ; — Que cette doctrine a été maintenue par les décrets des 9 mai et 29 juillet 1811, notamment par celui du 17 janvier 1813, inséré au *Bulletin des Lois* (V. *Bull.* 472, n° 8610), et d'une manière plus explicite encore par la loi du 18 juillet 1837, dans son art. 5 ainsi conçu : « Les habitants d'une commune réunie à une autre commune conserveront la jouissance exclusive des biens dont les fruits étaient *perçus en nature*, » et dans son art. 7, où il est dit : « Les autres conditions de la réunion seront fixées par l'acte qui la prononcera..., sauf réserve, dans tous les cas, de toutes les questions de propriété ; » — D'où il résulte clairement que l'unité municipale n'entraîne pas nécessairement, au point de vue de la propriété, l'unité communale ;

» Mais considérant, *en fait*, que nonobstant ces principes, dès le 24 janvier 1821, la commune d'Huismes a vendu, ou plutôt arrenté, comme lui appartenant, les landes situées près le verger de Basse ; que, vers la fin de 1818, elle a donné à bail, toujours à son profit et en son nom, les pâtureaux et près-marais situés sur le bord de la Vienne, bail qui s'est continué jusqu'à la date du 2 octobre 1845, époque où elle les a vendus en la même qualité à Fournier, Herpin et veuve Prou ; — Que, le 15 septembre 1844, elle a affermé, pour neuf ans environ, des pâtureaux situés sur les bords de l'Ozon, à Becquet, Douet, Durand, Rouzier et Feuillard, de sorte qu'une partie des marais de l'Ozon est seule restée jusqu'à ce jour dans la jouissance et compascuité exclusive des habitants de la section de Saint-Mexme ; — Considérant que ces baux ont été passés avec le Maire d'Huismes et les aliénations faites par adjudications publiques après affiches, publications, insertions dans les journaux, délibérations du Conseil municipal, procès-verbaux *de commodo* et *incommodo*, non suivis d'oppositions, avis favorables des Préfet et Sous-Préfet, et enfin en vertu d'ordonnances royales les autorisant ;

» Considérant, en droit, qu'à moins de déclarer non susceptibles d'être donnés à bail et inaliénables les communaux des sections de communes, ce que la loi seule pourrait faire, et ce qui serait contraire au progrès de l'agriculture et aux principes de notre droit public, qui n'admet plus de biens de mainmorte, ces sortes de propriétés peuvent être affermées et aliénées comme l'ont été les communaux de Saint-Mexme ; qu'on ne saurait dire que ceux-ci l'ont été *à non domino,* puisque la section de Saint-Mexme a, dans la provocation et la consommation de ces baux et ventes, été légalement représentée par le Conseil municipal et le Maire d'Huismes, ses uniques tuteurs et administrateurs, dès qu'elle ne plaidait pas contre la commune, cas où la loi du 18 juillet 1837 l'eût autorisée à se faire représenter par un Syndicat *ad hoc;* — Considérant que la qualité de représentant des sections de communes est tellement inhérente au Maire et au Conseil municipal des communes auxquelles ces sections sont réunies, soit qu'il s'agisse d'affermer, soit qu'il s'agisse d'aliéner les communaux de ces sections, qu'il n'est pas nécessaire que, dans les baux et actes de vente, ils revêtent *expressis verbis* cette qualité de représentant agissant pour eux et en leur lieu et place, parce qu'alors, s'ils agissent pour eux, ils n'agissent pas, il faut bien le dire, à leur profit exclusif, mais à celui de la commune, les fruits civils résultant des baux comme les capitaux résultant des ventes devant entrer dans la caisse communale ; — Considérant, au surplus, que la véritable garantie des intérêts des sections ne réside pas, au cas d'affermement et de vente des communaux, dans le Maire et le Conseil municipal qui provoquent ces ventes, mais qu'elle réside dans l'autorité supérieure, qui, alors, forme une sorte de juridiction administrative chargée d'apprécier la convenance et l'utilité desdits baux et ventes ; — Qu'il suffit que les habitants de la section, ainsi que cela est établi dans l'espèce, n'aient pas pu ou dû ignorer les baux ou aliénations provoqués qui devaient convertir, les fruits dont ils jouissaient en nature en fruits civils, et leurs immeubles en capitaux mobiliers ; fruits civils et capitaux destinés à acquitter leur part contributive dans les charges extraordinaires de la commune ; — Que cette connaissance les a mis à même de faire opposition auxdits baux et ventes, et d'y faire statuer par l'autorité supérieure administrative seule compétente ; — Qu'en effet, il ne s'agit pas, à ce point de vue, d'une question de propriété, mais de la participation de la section de commune à l'acquittement des charges générales de la commune, participation dont les affermements et les ventes n'ont été que les conséquences obligées ; — Que si la section a laissé consommer les baux et ventes sans réclamer, elle ne doit s'en prendre qu'à elle-même ; mais qu'il n'appartient pas aux Tribunaux de la relever du tort qu'elle s'est fait par son inaction ; — Qu'une mise en demeure suffisante est résultée, contre les habitants de la section de Saint-Mexme, des affiches et de l'ouverture des procès-verbaux *de commodo* et *incommodo* qui les a appelés, *ut singuli*, à faire opposition s'ils se croyaient lésés ; — Qu'il peut être à regretter que le Législateur ne leur ait pas donné, *ut universitas*, d'autre représentant que le Maire et le Conseil municipal de la commune, alors qu'il s'agissait d'affermer ou d'aliéner leurs communaux ; mais qu'il est impossible de suppléer au silence de la loi ; — Que, d'ailleurs, il est juste que la section de Saint-Mexme, au respect de laquelle la commune d'Huismes n'est elle-même qu'une section de l'unité municipale, contribue, comme cette commune, aux charges extraordinaires, par l'affermement et même par l'aliénation, si elle est nécessaire, de tout ou partie de ses communaux ; — Qu il n'est pas vrai de dire que l'appréciation de la proportion dans laquelle la section doit y contribuer demeure abandonnée à des personnes ayant un intérêt contraire au sien, puisqu'il est vrai, surtout aujourd'hui, que, par sa participation à l'élection du Maire et du Conseil municipal, elle a, dans de justes proportions, contribué aussi à se donner des représentants.

» Qu'en vain on établirait, en fait, que non-seulement dans les actes, soit d'affermement, soit de vente, le maire et le conseil municipal n'ont pas procédé comme représentant la section de Saint-Mexme, dans la croyance où ils étaient que la commune d'Huismes était seule et unique propriétaire, et que, dès lors, l'intérêt que la section pourrait avoir à ce que ses communaux ne fussent ni affermés ni vendus n'a pas été apprécié, ni même mis en délibération ; — Qu'en supposant que le Maire et le Conseil municipal aient été dans cette erreur, il suffit que le droit d'affermer et de vendre résidât en eux, en principe, pour qu'il n'appartînt qu'à l'autorité administrative, et non à l'autorité judiciaire, de statuer sur la régularité de ce qu'ils ont fait, en vertu de ce droit, dans la limite de leurs attributions ;— Par ces motifs, etc. »

Cet arrêt fut déféré à la censure de la Cour de cassation ; mais cette cour, au rapport de M. le conseiller Laborie et sur les conclusions conformes de M. l'avocat général Vaïsse, rejeta le pourvoi par l'arrêt suivant :

« Attendu que, dans la hiérarchie administrative, la commune, comme société locale, a son existence propre et constitue l'*unité* à laquelle se réduit la division territoriale du pays; que si elle peut se fractionner en sections, ce n'est que pour certains intérêts de propriété et de jouissance; mais que, à cet égard même, la section ne forme pas un corps isolé ayant droit à une représentation particulière, si ce n'est accidentellement et aux conditions restrictivement déterminées par le Législateur; qu'ainsi, en règle générale, l'unité communale a pour conséquence l'unité administrative;

» Attendu, en effet, que la section ne saurait être assimilée à un simple membre de la communauté et n'a pas, à ce titre, l'exercice du droit de propriété dans sa plénitude; que ses intérêts ayant, comme les intérêts de la commune elle-même, un caractère collectif, sont soumis aux mêmes restrictions et aux mêmes garanties de tutelle administrative; en telle sorte que la section, tout comme la commune dont elle fait partie, ne peut gérer, administrer, agir, en ce qui concerne ses biens propres, que par des représentants légaux, lesquels ont tout pouvoir à cet effet, à condition de se renfermer dans les limites de leur mandat et d'observer les formes destinées à en régulariser l'exercice;

» Attendu que la section étant à la commune ce que la partie est au tout, il ne se peut, en général du moins, que l'administrateur ou le représentant légal de la commune ne le soit pas en même temps de la section; que l'administration municipale, en effet, représente au même titre, avec les mêmes attributions et les mêmes pouvoirs, toutes les fractions de l'unité communale, nonobstant la diversité de leurs origines ou de leurs intérêts;

» Attendu que si, par dérogation à ce principe d'unité, la loi consent à distinguer la section de la commune elle-même et à lui donner un organe autre que celui de la commune, cette nécessité exceptionnelle d'une représentation particulière n'est admise par les art. 56 et 57 de la loi du 18 juillet 1837 qu'en matière d'actions judiciaires et de transactions, et dans les seuls cas d'antagonisme entre la commune et la section; qu'en toute autre matière, et en dehors de ces conditions, la règle générale conserve son empire et ne permet pas à la section de former un centre d'administration locale;

» Attendu que, dans le système de la loi, les garanties de la section, pour la gestion ou la disposition de ses biens propres, consistent dans les formes à observer, dans la publicité qui précède et accompagne les adjudications à titre de bail de vente, dans les enquêtes où tous les intérêts sont appelés à déposer leurs motifs de réclamation ou d'opposition, enfin et surtout, dans la haute tutelle de l'autorité supérieure chargée d'apprécier la convenance et l'utilité de ces actes de gestion ou d'aliénation [1];

» Attendu, dès lors, que les baux et les ventes dont il s'agit dans l'espèce ayant été l'objet d'adjudications régulières de la part de l'administration municipale, dans les limites et dans les formes assignées à l'exercice de son mandat, et sans opposition ni réclamation de la part des membres de la section de Saint-Mexme, ne peuvent, vis-à-vis des adjudicataires, donner prétexte à aucune critique;

» Attendu, d'ailleurs, que, selon les constatations mêmes de l'arrêt dénoncé, il s'est agi, entre la section demanderesse et la commune d'Huismes, non d'une question de propriété, mais de l'étendue des pouvoirs de l'administration municipale, à l'effet d'affermer ou d'aliéner les biens de la section pour sa part contributive dans l'acquittement des charges extraordinaires de la commune et de la proportion dans laquelle la section pouvait être tenue de concourir, sur les prix des baux ou des aliénations, aux dépenses communes; que ces questions sont essentiellement de la compétence administrative;

» D'où il suit qu'en déclarant, dans l'état des faits de la cause, la section demanderesse non recevable et mal fondée, soit en son action en nullité des actes de bail et de vente dont il s'agit au procès, soit en ses conclusions tendant à sa réintégration dans la possession des biens affermés ou vendus, la Cour impériale d'Orléans, loin de violer les art. 5 et 6 de la loi du 18 juillet 1837 et l'art. 1599 C. Nap., a fait une juste application des principes et des lois en cette matière; —Rejette. »

---

165. Cour de Grenoble.-- 24 janvier 1849.--Commune de Lavalette C. Commune de Nantes.

La question de savoir si la loi permet ou défend un partage de biens indivis entre plusieurs communes est de la compétence de l'autorité judiciaire, qui doit délaisser ensuite les parties à se

[1] On aurait pu ajouter que la division des communes en sections électorales pour l'élection des membres des Conseils municipaux permet aux sections d'avoir des défenseurs de leurs intérêts au sein même du Conseil municipal (V. notre *Code-Formulaire des élections municipales et les assemblées des Conseils municipaux*, n° 45, p. 45.

pourvoir devant l'autorité administrative, pour procéder à ce partage suivant les formes et le mode que la loi établit.

---

166. Cour d'Aix.-- 22 juin 1854.-- Contributions payées par une Section.

Aux termes de l'art. 2 de la loi du 2 messidor an VII, toute propriété foncière doit être imposée dans la commune où elle est située. Il suit bien de là qu'une commune est nominativement portée au rôle des contributions directes pour toutes les terres de nature communale qui sont situées sur son territoire. Toutefois si une commune voisine a des droits de propriété ou de jouissance sur ces mêmes biens, il est bien évident que cette dernière est tenue d'une quote-part proportionnelle dans le paiement des contributions dont ils sont grevés.— Par contre, le paiement, par une section, d'une partie de la contribution foncière d'un immeuble communal, doit, jusqu'à preuve contraire, être considéré comme établissant, en faveur de cette section, la présomption d'une part de propriété, proportionnelle à sa part contributive. —Ainsi, le chargement aux états de section et au cadastre, et le paiement des contributions sont *suppositifs du droit de propriété,* sauf, en ce qui concerne le *partage par feux,* ce qui est dit, *suprà,* n° 107, p. 95 et 96.

COMMISSION SYNDICALE. — ÉLECTION. — QUESTION D'INCOMPATIBILITÉ. (V. *suprà,* n° 20 à 24.)

167. Lettre du Ministre de l'Intérieur au Préfet de la Seine. — 21 décembre 1848.

Les incompatibilités prononcées par la loi, en matière d'élections de membres des Conseils municipaux, ne sont pas applicables aux élections des membres des Commissions syndicales.

La décision qui va suivre a été prise sous l'empire de la loi du 21 mars 1831, relative aux *Elections des Conseillers municipaux ;* mais les dispositions de la loi du 5 mai 1855 qui régissent actuellement l'*Organisation municipale,* n'ont rien changé aux principes développés dans la lettre du Ministre. (V. notre *Code-Formulaire des Elections municipales,* nos 113 et suiv.) — Nous reproduisons, en conséquence, le texte entier de cette lettre, comme devant encore aujourd'hui servir de règle, dans une circonstance semblable à celle qui en a fait l'objet. Voici les faits :

Une section de la commune de Neuilly ayant demandé d'en être distraite pour former une commune particulière, M. le Préfet de la Seine prescrivit la création, dans cette section, d'une Commission syndicale de neuf membres. Les électeurs domiciliés dans la section procédèrent à leur nomination, et il résulta du scrutin que, parmi les membres élus, se trouvèrent trois des membres du Conseil municipal de la commune de Neuilly. C'est ce qui donna lieu à la réclamation que le Ministre examine ainsi :

« Le sieur S... croit devoir faire remarquer qu'une Commission syndicale constitue, dans l'esprit de la loi du 18 juillet 1837, une sorte de Conseil municipal *ad hoc* de la section qu'elle représente ; que, par suite, les incompatibilités et empêchements mentionnés par l'art. 18 de la loi du 21 mars 1831, en ce qui concerne les Conseils municipaux, doivent lui être appliqués. Le sieur S. cite à l'appui de cette opinion une décision du Conseil d'Etat du 6 déc. 1844, qui a étendu à une Commission syndicale l'incompatibilité reconnue par cet article, entre les fonctions d'agent salarié de la commune et de membre d'une Commission syndicale, et il considère cette décision comme établissant une assimilation complète entre un Conseil municipal et une Commission syndicale. De là, selon lui, la nécessité d'appliquer à celle-ci la disposition contenue dans le § 2 de l'art. 18 ci-dessus, qui déclare que nul ne peut faire partie de deux Conseils municipaux.

» M. S. ajoute qu'il répugne à la raison que la même personne reçoive à la fois le mandat d'*attaquer* et de *défendre*, mandat de représenter l'*entier* et la *fraction* ayant des intérêts distincts.

» En principe, les incompatibilités sont de droit *étroit* ou *strict*, parce qu'elles constituent des exclusions et que toute exclusion doit être formellement prononcée par la loi ; aussi, quand on lit avec attention nos lois organiques, on remarque que le Législateur y a toujours spécifié avec un soin scrupuleux les cas d'empêchement ou d'incompatibilité, indiquant ainsi qu'ils ne pouvaient être étendus, sauf dans le cas exceptionnel que je vais mentionner, par voie d'interprétation. Or, on ne lit nulle part, dans la loi du 18 juillet 1837, qu'un membre d'un Conseil municipal ne puisse faire en même temps partie d'une Commission syndicale, lorsque les membres de cette Commission sont nommés par les électeurs communaux ; sous ce rapport elle laisse une latitude complète.

Toutefois, malgré son silence sur les incompatibilités qui peuvent exister entre ces deux fonctions, je dois reconnaître (et c'est l'exception à laquelle je viens de faire allusion) qu'il en existe qui sont de *droit commun*. En réglementant une matière spéciale, en effet, le Législateur omet souvent un certain nombre de dispositions qui, étant de l'essence même du droit, sont universellement reconnues et, à ce titre, n'ont pas besoin d'être rappelées. C'est ainsi qu'il y a lieu de considérer comme étant de droit commun celles qui éloignent des assemblées électives les femmes et les mineurs, les interdits, les incapables, les agents salariés, et toutes autres personnes qui pourraient avoir un intérêt dans les délibérations de ces assemblées et exercer sur elles, par leur position, une influence contraire à la libre manifestation de leurs vœux. A ce titre, les incompatibilités et empêchements prévus par l'art. 18 de la loi du 31 mars 1831 sont généralement applicables aux Commissions syndicales, et c'est dans ce sens que doit être entendue la décision du Conseil d'Etat, du 6 déc. 1844, invoquée par le sieur S. Mais en est-il de même de la dernière disposition de cet article, d'après laquelle *nul ne peut être membre de deux Conseils municipaux?*

» Le motif principal de cette disposition est évident. Elle est fondée, en très-grande partie, sur l'impossibilité matérielle d'appartenir à deux assemblées qui se réunissent aux mêmes époques pour leurs sessions ordinaires ; hors cette impossibilité, en effet, on verrait peu d'inconvénients à ce que la même personne, possédant par exemple des propriétés dans plusieurs communes, fût appelée à discuter en Conseil municipal les intérêts de ces communes. Cette difficulté, toute matérielle, se rencontre-t-elle en ce qui concerne les Commissions syndicales ? Non, sans nul doute.

» Ainsi, sous ce rapport, point d'assimilation entre ces Commissions et les Conseils municipaux. Il y a d'ailleurs entre ces deux assemblées des différences d'attributions très-essentielles qui ne permettent pas de penser que le législateur ait voulu leur donner le même caractère. Ainsi, l'une constitue une réunion temporaire et accidentelle appelée à donner son avis sur une question spéciale, et dont la mission finit à l'émission de cet avis ; l'autre, au contraire, est la représentation permanente de le commune, elle tient des sessions ordinaires et extraordinaires, discute et arrête le budget, vote, dans de certaines limites, des impositions extraordinaires et des emprunts, et constitue, par conséquent, une Administration régulière et fixe qui ne peut être dissoute par l'Autorité supérieure que dans les cas prévus par la loi.

» Maintenant est-il vrai qu'il répugne à la raison que la même personne puisse être en même temps membre de deux assemblées ? en d'autres termes, l'incompatibilité, pour n'être pas écrite dans la loi, est-elle au fond des choses ? Je ne le pense pas. En matière de distraction territoriale, la Commission syndicale et le Conseil municipal ne sont pas appelés à examiner la même question, ou du moins à l'examiner au même point de vue. La Commission se préoccupe exclusivement de l'intérêt de la section, le Conseil municipal, de celui de la commune, et il n'est pas indispensable que la même personne qui, comme Commissaire-syndical, a émis un avis favorable à la distraction, puisse, comme Conseiller municipal, ayant en cette qualité à apprécier la mesure, au point de vue de ses conséquences pour le bien-être et l'importance de la commune, émettre une opinion contraire. Sans doute il peut arriver, dans la pratique, que le Commissaire-syndical se croie obligé à soutenir, dans le sein du Conseil municipal, son premier avis ; mais la loi ne saurait se préoccuper de l'idée plus ou moins erronée qu'un mandataire peut se faire des convenances de son mandat. Il suffit au législateur que les fonctions soient différentes, et il n'a pas à prévoir dans quel sens elles seraient comprises et remplies. *C'est à l'élu de la section qui se juge placé, par son double mandat, dans une situation délicate, à résigner l'une des deux entre les mains de ses commettants.* L'argument tiré des inconvénients qui pourraient résulter, dans la pratique, de la réunion dans la même personne des fonctions de Commissaire-syndical et de Conseiller municipal, aurait beaucoup plus de valeur si les deux assemblées électives dont il s'agit étaient appelées à prononcer un jugement, à statuer sur la question qui leur est soumise ; car, en matière judiciaire, le législateur doit écarter, avec le soin le plus scrupuleux, toutes les circonstances qui pourraient exercer une influence fâcheuse sur l'impartialité du juge ; mais, ici, elle ne donne qu'un simple avis, et cet avis n'est qu'un des éléments d'appréciation dont dispose le Ministre pour prendre ou provoquer une décision sur l'affaire. La loi a d'ailleurs admis et consacré une institution qui a une grande analogie avec la prétendue incompatibilité signalée par le sieur S., je veux parler de l'organisation municipale et départementale du département de la Seine. Par suite de cette organisation, on voit le Conseil municipal, après avoir examiné comme tel des questions qui, spéciales en apparence à la ville de Paris, intéressent en réalité le département, en délibérer de nouveau en Conseil général.

» En fait, exclure les Conseillers municipaux des Commissions syndicales, c'est resserrer le choix des électeurs municipaux des sections dans des limites telles que leurs intérêts peuvent en souffrir un grave préjudice. Il arrive, en effet, dans le plus grand nombre de petites localités, que les personnes qui sont investies du mandat de Conseiller municipal sont seules capables d'apprécier et de discuter les vœux et les besoins des sections qu'elles habitent.

» En examinant de plus près la question, on cesse complétement, selon moi, d'apercevoir les inconvénients qu'il peut y avoir à ce que la même personne puisse être, dans certain cas, membre des deux assemblées. C'est ce qui résulte de l'observation suivante :

» La section la plus populeuse, dans les petites localités surtout, est généralement représentée, au sein du Conseil municipal, par le plus grand nombre de Conseillers ; c'est d'elle, par conséquent, qu'émane la majorité de ce Conseil. Or, si c'est cette section qui désire être érigée en commune distincte, la nomination de quelques-uns des Conseillers municipaux comme Commissaires syndicaux ne saurait influer sur la détermination qu'ils seront appelés à prendre, plus tard, comme membres du Conseil municipal. Il est certain, en effet, que si la demande en distraction est fondée sur des besoins sérieux, elle triomphera au sein de cette assemblée comme au sein de la Commission syndicale. Réciproquement, si la section qui demande la séparation n'est représentée dans le Conseil municipal que par la minorité de ses membres, l'introduction de quelques-uns de ces derniers dans la Commission syndicale ne saurait exercer aucune influence sur la détermination que le Conseil serait appelé à prendre.

» Les auteurs de la loi du 18 juillet 1837 étaient d'autant moins fondés à prononcer l'incompatibilité *de jure* des fonctions de membre de la Commission syndicale et du Conseil municipal, en matière de circonscription territoriale, que si, dans ce cas, les intérêts de la section et de la commune sont distincts, en principe, l'expérience enseigne que, en fait, ils peuvent être souvent les mêmes.

» Au surplus, la loi du 18 juillet n'a pas été muette dans l'hypothèse où ces intérêts sont réellement opposés. Elle l'a prévue, en effet, dans son art. 56, par lequel elle dispose que, lorsqu'une section est dans le cas d'intenter ou de soutenir une action judiciaire contre la commune, la formation de la Commission syndicale appartiendra au Préfet. Les mesures qu'elle prescrit, en outre, pour que les membres du Conseil municipal qui pourraient être intéressés dans le litige, soient remplacés, pour les délibérations y relatives, par des électeurs municipaux étrangers à la section, témoignent assez de son intention d'assurer, dans ce cas, à la Commission syndicale et au Conseil municipal, la plus complète indépendance. Si donc elle n'a pas pris les mêmes précautions en matière de circonscription territoriale, ce n'est pas qu'elle ait manqué de prévision, mais bien parce qu'elle n'a pas vu, dans le fait d'une demande de modification à la circonscription communale existante, l'existence à *priori* d'un intérêt opposé entre les deux portions de la commune intéressée.

« En résumé, l'incompatibilité entre les fonctions de Commissaire syndical et de Conseiller municipal, dans les questions de circonscription territoriale, ne me semble justifiée, ni par le texte de la loi du 18 juillet, ni par le droit commun, ni par la nature de ces fonctions ; je ne pense donc pas qu'il y ait lieu d'arguer de nullité devant le Conseil de préfecture les opérations électorales à la suite desquelles la Commission syndicale des Thermes a été formée. »

TABLE ALPHABÉTIQUE ET ANALYTIQUE.

FIN DE LA TABLE.

Paris. — Imprimerie de H. Carion, rue Bonaparte, 64.

www.ingramcontent.com/pod-product-compliance
Ingram Content Group UK Ltd.
Pitfield, Milton Keynes, MK11 3LW, UK
UKHW021046230726
13926UKWH00004B/1684